JN300681

日本の民俗信仰

宮本 袈裟雄・谷口 貢【編著】

八千代出版

執筆分担（掲載順）

宮本袈裟雄	元・武蔵大学人文学部教授	1
谷口　貢	二松學舍大学文学部教授	2・11
宮内貴久	お茶の水女子大学大学院人間文化創成科学研究科教授	3
小島孝夫	成城大学文芸学部教授	4
八木　透	佛教大学文学部教授	5
牧野眞一	二松學舍大学文学部非常勤講師	6
森　隆男	関西大学文学部教授	7
蒲池勢至	同朋大学仏教文化研究所客員所員	8
西海賢二	東京家政学院大学人文学部教授	9
鈴木岩弓	東北大学大学院文学研究科教授	10
常光　徹	国立歴史民俗博物館教授	12
松崎憲三	成城大学文芸学部教授	13
古家信平	筑波大学大学院人文社会科学研究科教授	特論1
曽　士才	法政大学国際文化学部教授	特論2-1
島村恭則	関西学院大学社会学部教授	特論2-2

まえがき

　日本の民俗学において、これまで地域社会における人々の信仰生活を究明することに重点が置かれてきたことは、柳田国男をはじめ多くの研究者の業績によって示されている。その中心を形成してきたのは「民間信仰」の調査・研究であり、多様な蓄積がなされて今日に至っている。

　民間信仰の性格付けには諸説あるが、一般的には仏教やキリスト教などの成立宗教と対比して、教祖・教義・教団組織をもたず、歴史的に形成されてきた地域住民の生活文化と密着して展開している宗教（信仰）現象としてとらえられている。こうした民間信仰については、民俗学のみならず宗教学・人類学・社会学・歴史学等においても関心がもたれてきた研究分野である。民間信仰と共通する用語としては、固有信仰、基層信仰、庶民信仰、民衆信仰などが用いられることもある。

　民間信仰の研究が隆盛期を迎えた1970年代後半頃から、仏教をはじめ修験道、道教、陰陽道、新宗教などの諸宗教と民間信仰との関連性や複合性を追究する指向が強まるなかで、「民俗宗教」という用語が広く使用されるようになってきた。それとともに、仏教民俗学の提唱や宗教民俗学の確立を目指す動きも活発化するようになった。しかし、「民俗宗教」の概念は研究者によってその意味するところが違っており、また「民俗」と「宗教」のどちらに比重を置くかによっても見解が異なっているのが実状といえる。そこで、本書では従来の「民間信仰」の意味合いを継承しつつ、「民俗宗教」の研究において議論されてきた問題点をふまえて、「民俗信仰」と

いう用語を積極的に採用することとした。民俗学における信仰分野の研究を、主体的に再構築する意図を込めているものである。

　民俗信仰で祀られる神仏は、少し目を凝らしてみると、身近な生活のなかにさまざまなかたちで見出すことができる。そうした神仏がなぜその場所に祀られ、人々によってどのように信仰されてきたのかを、一度立ち止まって考えてみていただきたい。そうすることによって、人々が生活のなかで何を大切にしてきたのかについて理解を深めていくためのきっかけになるものといえよう。

　本書は、民俗信仰の主要研究を民俗学の立場から示すとともに、民俗信仰が人々の生活のなかでどのような意味や意義をもっているのかという現在的視点をできるだけ盛り込むように努めた。また、この分野についてはじめて学ぶ人でも理解しやすく、興味がもてるような内容にするように心がけた。本書が民俗信仰に関心をもつ方々への導きの糸となり、いろいろなかたちで活用していただければ幸いである。

　最後に、編著者の一人として尽力された宮本袈裟雄氏が、本書の刊行をみることなく2008年12月に逝去された。心よりご冥福を祈念したい。

　　2009年4月

　　　　　　　　　　　　　　　　　　　　　　　谷口　貢

目　　次

まえがき　i

1　民俗信仰の多様性と重層性 …………………………………… 1
なぜ民俗信仰なのか　1　　前代以前からの継承　2　　地域社会が基盤　3　　民間信仰の性格　3　　民俗学・民間信仰の拡大　4　　民間信仰と習合宗教とを含む民俗宗教　6　　民俗信仰　6　　地域社会から個人へ　7

2　民俗信仰研究の歩み ……………………………………………… 9
日本人の宗教意識　9　　柳田国男の民俗学　10　　柳田国男の固有信仰　12　　民俗学における「信仰」研究　13　　民間信仰の研究動向　15　　民間信仰から民俗宗教への展開　17　　『講座日本の民俗宗教』以後　19　　民俗信仰研究の課題　21

3　家の神信仰―屋内神と屋敷神― ……………………………… 25
ムラの内と外　25　　家屋に祀られる神々　26　　屋敷神　26　　軒先に祀られる神々　27　　年中行事にみる呪物　28　　屋内に祀られる神々　29　　戸籍の明瞭な神々　30　　戸籍の不明な神々　32　　直接生存にかかわる神々　32　　火伏せの呪い歌　33　　仏壇　34

4　なりわいと民俗信仰 …………………………………………… 37
なりわいと生活　37　　なりわいの場　38　　なりわいと民俗信仰　40　　農村における変化　43　　漁村における変化　49　　なりわいの変化と民俗信仰　51

5　通過儀礼と民俗信仰 …………………………………………… 55
人生の節目における祈り　55　　血のケガレと「血盆経」　56　　新生児を守護する神仏　57　　胞衣をめぐる習俗　58　　初宮参りとアヤツコの呪力　59　　食い初めと米の呪力　60　　七つ前は神の内　61　　登山と成人儀礼　62　　社寺参詣と成人儀礼　63　　生まれ変わる花嫁

63　死者から先祖へ　64　さまざまな墓制　66　改葬と洗骨　67　八丈島のシャリトリ　67　日本の通過儀礼と民俗信仰の特質　69

6　講と小祠の信仰 …………………………………………… 73
講とは　73　在地講と参拝講　74　地域社会内の講　75　講の組織と儀礼　78　地域社会における講の受容　79　小祠の形態　80　小祠の研究　81　小祠の地域差　83　稲荷と小祠　84　小祠の性格　84

7　神社祭祀からみた民俗信仰 ……………………………… 87
民俗信仰の宝庫「祭り」　87　神を迎える準備　88　神の来臨　88　饗応　89　芸能の奉納　91　神の意思の確認　92　神送り　93　宮座の祭祀と頭屋儀礼　94　宮座の組織　94　頭屋儀礼　94　御仮屋　96　よりまし　97　「特殊神事」に残る民俗信仰　98　御頭祭の概要　98　神使　99　大祝　99　御頭祭にみる民俗信仰　100　精神文化の総体としての神社　100

8　仏教と民俗信仰 …………………………………………… 103
仏教と民衆生活　103　民俗と仏教の関係　104　村の寺院と寺檀関係　105　仏教行事と民俗　112　仏教と民俗芸能　115

9　山岳信仰と社寺参詣 ……………………………………… 121
山岳信仰と社寺参詣の伝播と受容　121　社寺参詣とお札　126　社寺参詣と絵馬　129

10　宗教的職能者と民俗信仰 ……………………………… 133
〈ヒト〉と〈カミ〉　133　「首無地蔵」の形成過程　134　「首無地蔵」信仰の特質　138　「首無地蔵」にみる〈ヒト〉と〈カミ〉のかかわり　139　「首無地蔵」信仰における「宗教的職能者」の誕生　141　「宗教的職能者」の諸相　145

11　巫女とシャーマニズム ………………………………… 151
神がかり　151　巫女の分類　152　シャーマニズム研究の進展

154　脱魂型と憑霊型　156　シャーマンの成巫過程　158　召命型　158　修行型　160　シャーマンの動向　163　シャーマニズム研究の視界　164

12　俗信と心意現象 ……………………………………… 167
柳田国男・民俗資料の三部分類　167　心意現象と兆・応・禁・呪　168　「俗信」の意味と変遷　170　曖昧な俗信概念　173　俗信の論理と世界観　175　霊柩車と親指　176　狙われる親指　177　親指を隠す理由　179　親指の連想　180

13　現代社会と民俗信仰 ……………………………………… 185
社会変動と民俗信仰　185　ペットの供養　187　ポックリ信仰　189　老人・子ども・女性と地蔵信仰　190　将門塚および水掛不動　193　東大阪の石切さん　195　占いブームのなかで　197

特論1　沖縄の民俗信仰 ……………………………………… 199
沖縄の民俗信仰の位置　199　ノロとユタ　200　年祝いと擬死再生　203　火の神と仏壇　206

特論2　華僑・在日朝鮮人と民俗信仰 ……………………………………… 211
1. 華僑の民俗信仰──211
民俗学からみた日本華僑　211　神祀りの伝統と変容　212　普度勝会にみる供養の心　215
2. 在日朝鮮人の民俗信仰──216
祖先祭祀　217　葬儀と墓　219　巫俗　220　日常的な信仰　221　キリスト教と新宗教　221　民族祭り　222

索　引　225

1 民俗信仰の多様性と重層性

宮本袈裟雄

なぜ民俗信仰なのか　日本民俗学において民俗信仰研究は最も重要な領域の一つとされてきた。ただし、用語としては民俗信仰ではなく民間信仰という言葉が用いられ、今日においても使用することが少なくない。むしろ民俗信仰のほうが稀有な感をもたれることが多いのではなかろうか。研究史的にみて当初の民間伝承が民俗学と改称され、その一領域として信仰研究があり、その分析対象が民間信仰であった。しかし1980年代前後から民間信仰に代わって民俗宗教が用いられるようになり、今日では民俗宗教の用語が一般的となっているとみることもできよう。それゆえ、民俗信仰を持ち出すことはかえって混乱を招くのではなかろうかという批判も理解できる。

　確かに、民俗学のなかに宗教民俗学という一研究領域があり、それは人類学にあっての宗教人類学、社会学のなかの宗教社会学などと肩を並べるもので、その研究対象が民俗宗教であるとするのであれば、それはそれで一つの考え方といえる。しかしながら、民俗宗教は研究者によって概念規定が必ずしも一致せず、民俗学の一研究領域である宗教民俗学の研究対象として民俗宗教をとらえることには無理があるとともに、この考え方に適した用語としては民俗信仰

のほうがより妥当なものと思われる。

そもそも民俗宗教の用語は1980年代以降の学際的研究の進展によって頻繁に使用されるようになり、宗教学においては宗教の世俗化問題や新宗教研究に伴い、民俗学においては柳田国男（1875-1962）が排除していた仏教民俗研究や、都市民俗研究の台頭にみるごとく、農山漁村中心の民間信仰研究の拡張に伴いそれぞれ使用されるようになったと考えられる。

そうした背景を勘案する時、古くから使用されてきた民間信仰を継承しながら、仏教や成立宗教・新宗教との関連、あるいは都市民、さらには在日外国人の信仰まで拡大した内容を含み、民俗学の立場を強調した用語としては、民俗信仰が最適と考える。

| 前代以前からの継承

民俗学が調査し分析を進める民俗資料の中心は伝承資料であり、それは言葉やしぐさ、行事などによって慣習・慣行として世代を超えて伝えられてきたもので、今日に伝わる伝承資料をもとに段階的に古層へと遡及する方法をとる。民俗信仰研究も同様であるが、この領域で理論的に論じた最初の著作として堀一郎（1910-1974）の『民間信仰』（1951年）を挙げることができる。

堀はそのなかで、民間信仰研究は宗教史学成立に重要なものであり、民間信仰は民族の宗教体験史の、特に前宗教的な未分化の分野を指すので、混融複合的な呪術宗教的（マジコレリジァス）領域にとどまるものとし、新興宗教、神社神道ともつながるとした。そして民間信仰の中心的な特色は、自然宗教と直接的に、あるいは残留的、習合的に連続した性格をもつ点にあると論じている（堀［1951：9-12］）。

このように民間信仰の中心を自然宗教・呪術宗教的領域に置き、原始古代以来の信仰史を描き出そうとする立場は、堀自身の民俗学

研究全体に対する立場に符合する。つまり、同書において、民俗学は一般に自己の生活を反省し記述し得る能力ある民族が、自民族の伝承、慣習行動とその背後の心意を研究対象とし、その伝承文化の起源、伝播、変遷を跡付け、その類型、形態、法則、性向等を発見するものであり、常に多くの問題が信仰に帰着し、信仰に関連してくるとしている（堀［1951：17-18］）。こうした堀の民俗学に対する理解は、柳田以来の主流をなしており、民俗学が歴史科学の一つと位置付けられてきたことによる。

地域社会が基盤　日本の民俗学において、1970年代までの研究対象は農山漁村、および下級の宗教・芸能の職能者を主要なものとしていたと称しても過言ではない。とりわけ農山漁村を中心に調査研究が進められており、そこではムラ社会を民俗の母体とも小宇宙とも考えてきた。こうした地域社会を重視して民間信仰を説いたのが櫻井徳太郎（1917-2007）の『日本民間信仰論』（1957年）や『日本民俗宗教論』（1982年）である。『日本民間信仰論』では、民間信仰を生み出した主体やそれを支えているのは、地域社会内において共同の社会生活を行っている協同体であり、民間信仰の団体は、その組織化の範囲がきわめて狭く、一民族内の一つの村落か部落のごとく小地域社会内の小規模な生活協同体に限られていると論じているように（櫻井［1970：6-7］）、農山漁村のムラ社会が民間信仰の基盤と考えられてきた。こうした民間信仰に対する理解も柳田以来の潮流をなしていたといえよう。

民間信仰の性格　民間信仰は複雑多岐にわたる内容を含み、ほぼ3層に理解されているように思う。最下層はいわゆる禁占兆呪、つまりタブー・卜占・予兆・呪術や民間医療、妖怪・幽霊などを置き、最上層部には神社神道、神社祭祀を、そし

て両者の中間にいわゆる冠婚葬祭の諸儀礼や講、小祠(しょうし)類を含めてきたように思われる。このうち禁占兆呪には、それを行う人自身意味不明なものが少なくはなく、上層の神社祭祀では地域社会全体が参加して整えられた儀礼を行うことが多い傾向にあるといえよう。

このような、多様な内容を含む民間信仰を総体としてみた時、先に紹介した『民間信仰』で堀は生活的功利性、呪術性、小集団性（封鎖性）、同時依存性（多様性と重層性）という4点の特色を挙げ（堀［1951：13］）、櫻井は重層的構造、現世利益的性格、呪術的性格の3点を挙げており（櫻井［1970：22-26］）、用語的には相違がみられるとはいえ、ほぼ同様の指摘がなされているとみてよいであろう。

ただし、私は民間信仰の核に注目して、先祖崇拝・祖先信仰と現世利益信仰とが民間信仰の2つの核をなし、前者は死者・先祖の供養・慰霊に中心を置いた過去を志向する考え方をもつのに対し、現世利益信仰は、生者の守護と幸福を願う信仰で現在および未来を志向している考え方をもつと考えているが、この現世利益信仰にこそ堀、櫻井が指摘した民間信仰の特色が含まれているのではなかろうか。

■ 民俗学・民間信仰の拡大

民俗学研究の先達・柳田国男が、外来宗教である仏教や仏教的要素を排除し固有信仰を求めてきたことはよく知られているとともに、農山漁村の民俗に目を向けてきたこと、そして信仰に関しては民間信仰や俗信を用いてきたことは先に指摘した通りである。そうしたなかで、民間信仰に代わって民俗宗教が一般的に用いられるようになったのは、1980年代以降といえるが、堀は、folkreligion、Volksreligion、religion populaireの訳語として民俗宗教のほうが、folkbeliefs、Volksglaubenの訳語の民間信仰よりも適していると説いている。そこには神話や儀礼な

ど従来の民間信仰の内容よりも拡大した領域を取り込んだ結果の提言をみることができる（堀［1951:9］）。また宮田登（1936-2000）の『民俗宗教論の課題』（1977年）も民俗宗教を使用した早い時期のものであるが、民俗宗教と民間信仰との関係に触れていない。しかしそれまでの民俗学研究に欠けていた天皇制、性、被差別に関する論考を納めていることからも、民俗学、民間信仰研究の新分野開拓を強く意識していることがうかがい知れよう。宮田の研究は日本人の精神構造とも称すべき問題を究明するところにあったと思われるが、都市民俗学を切り開いた一人であることも忘れてはならない。

仏教民俗学の提唱は都市民俗の提唱よりも早く、すでに五来重（1908-1993）は「仏教と民俗」（1959年）のなかで仏教民俗学を提唱している。つまり仏教の民俗化は日本において顕著であり、基層文化のなかに深く根をおろしているとし、常民の仏教信仰の内容と特色、仏教的社会（講）の構造、常民の仏教受容の方式、受容された仏教の変容などを研究する学問を仏教民俗と名付けるとともに研究対象を提示している（五来［1959］）。こうした五来の提唱が1960年代当時、民俗学研究のなかで評価され仏教民俗学が確立したかというと、はなはだ疑わしく、1980年代以降の民俗学研究の多様化、研究対象の拡大のなかで再評価されるようになったといえるのではなかろうか。というのも、1979（昭和54）年に第31回日本民俗学会年会で「仏教と民俗学」と題したシンポジウム、翌年の第32回日本民俗学会年会には「都市の民俗―城下町を中心に―」と題したシンポジウムが行れ、機関誌『日本民俗学』第128号、第129号にそれぞれの特集が編まれていることからも、この頃から民俗学研究において仏教民俗学や都市民俗学研究が確固たる立場を確立したと考えられよう。

いずれにしても民俗学研究において、新領域の開拓と民間信仰か

ら民俗宗教への用語の変更は軌を一にしているといえるのではなかろうか。

■ 民間信仰と習合宗教とを含む民俗宗教

民俗学においては、民間信仰と同義語として民俗宗教をとらえている場合が多いが、民俗宗教を積極的に使用し、宗教のなかで民俗宗教研究の重要性を説いているのが宮家 準(みやけ ひとし)である。宮家は『日本宗教の構造』(1974年)、『宗教民俗学』(1989年)の公刊以来、民俗宗教の概念規定、内容、性格等々を検討しており、『民俗宗教と日本社会』(2002年)においては、生活慣習として営まれる民間信仰と、民間宗教者が救済のためにそれを超克、再編した習合宗教の両者を含む、操作概念と定義し、普遍的な宗教の本質は、民俗宗教の側からとらえ直すことによってはじめて把握し得ると論じている(宮家［2002：1-28］)。また習合宗教は、島薗進が救済宗教的な教義や活動、組織のある程度の浸透がみられる信仰体系をもったものを民俗宗教としたが、それを避けて用いた用語である。いずれにしても、宮家がいう民俗宗教、宗教民俗学は民俗学ばかりではなく宗教学、宗教人類学、宗教社会学等にかかわる学際的立場からの提言といえる。

■ 民俗信仰

柳田が指導的役割を担っていた頃の民間信仰と、櫻井、宮田が使用する民間信仰とは必ずしも一致しているわけではない。つまり、櫻井、宮田が使用する民間信仰はすでに指摘しているように俗信や講・小祠・神社祭祀などに加え、性、成立宗教、新宗教、都市民、さらには周辺諸国、民族をも含んだ民間信仰であり、柳田のそれとは大きく相違しており、多様な信仰内容が取り込まれたものである。それゆえ、両氏の使用する民俗宗教が民間信仰と同義語とみなす見解は必ずしも的を得たものとはいえない。と同時に、両氏のそうした考え方が民間信仰ではなく民俗宗

教・宗教民俗学を選択させたものであろう。

しかしながら、櫻井、宮田が民俗学にとって新たな領域の研究を推進しながら、それに伴う方法論の変更、新たな見解をほとんど示していないことは、民俗学研究全体にとっても不幸であったといわなければならない。今日議論されている方法論に関するさまざまな考え方と関連して両氏の考え方を提示すべきであった。

ともあれ、民俗学にとって研究目的や意義の最も基本となる、伝承資料や民俗資料の理解、調査法や資料操作法などは再検討されるべき課題といえよう。しかし、ここでこれらを検討する余裕はないが、ここでいう民俗信仰との関連で、その担い手について若干の私見を述べておくことにする。

地域社会から個人へ

これまで民俗を継承、維持する基本は地域社会であった。より具体的には近世の村落あるいは村組に相当するムラ社会であり、ムラ社会を構成する単位を家としてきた。そうした民俗社会を基本として、さまざまな民俗が展開されていると理解してきた。そしてムラ社会そのものが固定的なものとして理解されがちであったが、まず、そうしたムラ社会自体が生きものであり、動態的なものであるととらえ直すことが必要であろう。次に、都市社会に目を向ける時、町内会や自治会がムラ社会に相当するものと思われるが、町内会・自治会を構成する単位は、世帯ということになろう。ただし町内会・自治会は今日のムラ社会にも該当していることである。

しかし町内会・自治会を地域社会として把握でき、重視するにしても、他の集団、たとえば親族組織・職場・同窓や趣味の集団、寺社や教団の信徒集団などの諸団体との関連性のなかで民俗信仰はもちろんのこと、さまざまな民俗事象をとらえていく必要がある。そ

してその場合の単位は家や世帯ではなく、地域社会のほかいくつか
の集団に所属する個人とすべきであろう。

■ 引用文献

木村博ほか　1980年「シンポジウム　仏教と民俗学」『日本民俗学』
　第128号、日本民俗学会、1-43頁
倉石忠彦　1990年『都市民俗論序説』雄山閣出版
現代伝承論研究会編　2005年『現代都市伝承論―民俗の再発見―』
　岩田書院
五来重　1959年「仏教と民俗」大間知篤三ほか編『信仰と民俗』（日
　本民俗学大系　第8巻）平凡社、323-342頁
櫻井德太郎　1970年『日本民間信仰論（増訂版）』弘文堂
櫻井德太郎　1982年『日本民俗宗教論』春秋社
島薗進　1992年『現代救済宗教論』青弓社
堀田吉雄・小林忠雄・岩本通弥・根岸謙之助　1981年「特集　城下
　町の民俗」『日本民俗学』第129号、日本民俗学会、1-59頁
堀一郎　1951年『民間信仰』（岩波全書）岩波書店
宮家準　1974年『日本宗教の構造』慶応通信
宮家準　1989年『宗教民俗学』東京大学出版会
宮家準　2002年『民俗宗教と日本社会』東京大学出版会
宮田登　1977年『民俗宗教論の課題』未来社
宮田登　1982年『都市民俗論の課題』未来社
柳田国男　1989・1990年『柳田國男全集』第6・11・13・14・15・
　28巻、ちくま文庫

■ 参考文献

赤田光男・小松和彦編　1998年『神と霊魂の民俗』（講座日本の民
　俗学　8）雄山閣出版
佐野賢治・谷口貢・中込睦子・古家信平編　1996年『現代民俗学入門』
　吉川弘文館
堀一郎　1971年『民間信仰史の諸問題』未来社
宮家準　1994年『日本の民俗宗教』講談社学術文庫

2

民俗信仰研究の歩み

谷口　貢

日本人の宗教意識　日本人の宗教意識を探る全国的なアンケートによる世論調査が、第二次大戦後、いくつかの機関で継続的に実施されてきた（石井［2007：1-19］）。そのなかで「あなたは何か宗教を信じていますか」あるいは「あなたは何か信仰をもっていますか」という宗教や信仰の有無を問う質問がみられる。1950（昭和25）年頃から1960年頃にかけて実施された複数の調査結果によると、「信仰あり」の回答率はおおよそ60～70パーセントを占めていたのに対し、その後、次第に低下して1970（昭和45）年以降は30パーセント台になり、2000（平成12）年前後から30パーセントを切ることが多くなってきている。また、年齢別の「信仰あり」の回答率をみると、いずれの調査結果においても加齢すると「信仰あり」の割合が増加する傾向は変わらないが、次第に加齢による上昇率は緩やかになってきている。さらに、地域別にみると、大都市の「信仰あり」が低く、町村の「信仰あり」が高いという傾向は一貫してみられるが、次第に地域差は少なくなってきている。

こうした世論調査の結果からみると、1970年以降、特定の宗教や宗派を信仰している人は3割程度にとどまり、現代日本人の多くは「無宗教」であるが、その一方で、近年の調査においても盆や彼

岸の墓参り、初詣などを行っている人は7割前後に上り、仏壇や神棚に手を合わせて拝む人も4割から5割になっている（石井［2007：65-80］）。これは「無宗教」であっても、神仏を礼拝する人々が存在し、しかもそうした行為が特に宗教として意識されているわけではないということを意味している。日常生活における宗教的な行動と意識には、大きなずれがみられるのである。このことは、日本人の生活実態を、「宗教」という概念でとらえようとする時に、一定の困難を伴うことでもある。日本社会において、特定の「宗教」を信じ、その教えに基づいて生活を律しようとする人々は少数派であるが、多くの人々の生活のなかには、祭りや行事を通して神社や寺院とかかわったり、年中行事や人生儀礼（通過儀礼）において神仏や祖霊を祀ったりするなどの宗教的要素を、多様なかたちで見出すことができるからである。したがって、日本社会に展開する「宗教」を総体として考察する場合には、生活のなかに組み込まれた宗教をどのように理解し、どのようにとらえていくのかが重要な課題になるといえよう。

この生活のなかに組み込まれた宗教については、これまで民俗学をはじめ宗教学・人類学（民族学）・歴史学・社会学などの諸分野から研究されてきた。ここでは、1章で述べられているように民俗学が対象としてきた民間信仰や民俗宗教にかかわる領域を「民俗信仰」としてとらえ、民俗学における民俗信仰研究の歩みを中心にみていくことにしたい。

柳田国男の民俗学

日本民俗学を創設した柳田国男は、東京帝国大学で農政学を学び、卒業と同時に農商務省に入り、農政官僚・農政学者として活動を始めた。柳田は官僚として各地の視察や講演旅行を精力的に行うなかで、農村社会の生

活実態に深い理解をもつようになり、明治末頃から民俗学の研究に取り組んだのである。1910（明治43）年に『石神問答』と『遠野物語』の２冊が相次いで刊行され、前者は民間の石神小祠を比較考察した著作であり、後者は岩手県遠野地方の家の神・里の神・山の神などの民俗信仰を多く含む民俗誌である。また、柳田が民俗学の研究雑誌として1913（大正２）年に創刊した『郷土研究』には、自ら「巫女考」「毛坊主考」など民俗信仰にかかわる数多くの論考を発表している。柳田の影響を受けつつ独自の民俗学を築いた折口信夫（1887-1953）は、柳田の学問の地盤には経済史学があり、それに加えて日本の神の発見ということが柳田を民俗学に導いたのだという鋭い指摘をしている（折口［1976a：521］）。このように、柳田は民俗学の研究に着手した当初から、民俗信仰に強い関心を示していたといえる。

柳田国男の民俗学が体系化されたのは昭和の初期であり、1934（昭和９）年に『民間伝承論』、1935年に『郷土生活の研究法』が刊行されている。柳田は、両書のなかで民俗調査によって採集される資料の分類案を示している。『郷土生活の研究法』でみると、民俗資料を「有形文化」「言語芸術」「心意現象」の三部に分けている（柳田［1998：263-368］）。「有形文化」は目で見て確認できるもので、生活全般にわたって物のかたちや行為・行動で表される伝承、「言語芸術」は言語という表現形式を通して伝承される口承文芸にかかわる領域、そして「心意現象」は人の心から心へと伝えられるもので、最も微妙な心意感覚に訴えてはじめて理解できる伝承であるとしている。柳田は、民俗学の究極の目標は「心意現象」を明らかにすることにあるとし、「有形文化」と「言語芸術」はそれに到達するための、途中の段階のように考えているとした。この「心意現象」は、

神観念、霊魂観、先祖観、兆占禁呪（前兆・占い・禁忌・呪い）、民間療法、教育観、道徳・倫理観念などを含むものであり、民俗信仰と深いかかわりのある領域といえる。

柳田国男の固有信仰

柳田国男は日本人の信仰の原初形態を追究するなかで、「固有信仰」という言葉を多用したことが知られている。『定本柳田國男集』全31巻（別巻を除く）から「固有信仰」の使用例を抽出すると98例を確認でき、また、「固有信仰」とほぼ同じ意味内容で使用している「固有宗教」という用語は20例みられる（谷口［1987：13-24］）。「固有信仰」および「固有宗教」について、柳田が明確な概念規定をしている箇所は見出せないが、内容を示唆的に言及している。たとえば、『氏神と氏子』のなかで「いつ何処から入つたといふでも無く、独りでに此国に発生して大きくなり、又弘まつて来たにちがひないものは、よかれ悪しかれそれは日本の信仰である」（柳田［1999：332］）と述べている。柳田は「固有信仰」の概念を、自然発生的に成長した宗教で、呪術的な要素を多くもち、人々の社会生活に直接的にかかわり、しかも人々の思考や行動を左右するような意味合いをもつものとみており、人類学や宗教学で使用される「自然宗教」の概念に近いものと考えていたようである。そのことは、「童神論」という論考において、「外から学んだ形跡のない一つの民族の昔ながらの信仰を外国の学者は天然宗教と呼んでいるらしい。そういわれると何だか野蛮のようにきこえる故に、私たちは今までこれを固有信仰といつていた」（柳田［2005：417］）と述べていることからうかがうことができる。

柳田にとって「固有信仰」は、民俗学における究極の目標とした「心意現象」と密接にかかわりながら、日本文化の基底を担う人々（常

民)の生活のあり方や生き方の核をなすものであり、ライフワークとして究明すべき課題であったといえる。柳田の初期研究から体系化に至る段階においては、「固有信仰」に明確な輪郭が与えられていなかったが、第二次大戦の戦中から戦後にかけて取り組んだ『日本の祭』(1942年)・『先祖の話』(1946年)・『氏神と氏子』(1947年)等の一連の研究において、日本人の信仰の核には「氏神信仰」や「祖霊信仰」が重要な意味をもっていることが追究されていったのである(川田［1992：99-286］)。

民俗学における「信仰」研究　日本の民俗信仰研究は柳田国男によって推進されたが、民俗学における「民俗信仰」の位置付けは必ずしも明確なものではなかったといえる。注目されるのは、折口信夫が1931(昭和6)年に『民俗学』第3巻第1号に発表した「民間傳承蒐集事項案」において、最初に「信仰に関するもの」を掲げ、国家的信仰(宗教意識の展開に関する研究資料)、民間信仰、他界観念、巫術・蠱術・妖術、神社と寺院と、叢詞其他、祭礼、妖怪の8項目を提示していることである(折口［1976b：486-491］)。これらの項目は、後の「民間信仰」研究の主要なテーマとしてみられていくようになるものである。その後、折口は民間伝承について、週期伝承・階級伝承・造形伝承・行動伝承・言語伝承といった独自の分類案を示しているが、「信仰」の分野を大項目としては設定していない(折口［1976c：1-22］)。

日本民俗学において「信仰」の分野が研究対象として明確化されるのは、戦後のことである。和歌森太郎(1915-1977)は『日本民俗学概説』(1947年)で、民俗学の研究対象を経済人的生活伝承・社会人的生活伝承・文化人的生活伝承の三部に分け、そのなかの文化人的生活伝承の下位区分として知識的文化伝承・厚生的文化伝承・倫

理的文化伝承の3つを示し、それらとの関連で「信仰伝承」を位置付けている。そして、「人間が自己の肉体を保全し、経済活動を十全に保障するため、また社会人として円満に生きて行くために、諸々の・知・識したがつて教育を与へたり求めたりする営み、休養慰安娯楽総じて・厚・生を求める動き、社会や・倫・理や法をまもろうとする態度があり、なほそれらを高次な絶対面に結びつけて安心を得ようとする・信・仰がある」（傍点引用者）と解説している（和歌森［1981：17-18］）。「知識的」「厚生的」「倫理的」文化伝承の基底もしくはそれらを統合する意味合いで「信仰」を位置付けたのである。和歌森の「信仰伝承」は、後に大塚民俗学会編『日本民俗事典』（1972年）等の項目分類において、社会伝承・経済伝承・儀礼伝承・信仰伝承・芸能伝承・言語伝承というように、他の伝承と併置して項目立てが行われるようになっていった。

　民俗学と隣接諸科学との協力体制のもとに編集された『日本民俗学大系』（全13巻）の第8巻は『信仰と民俗』（1959年）で、内容構成は「総説」「霊と神その他」「祭り」「憑きものと妖怪」「外来宗教と民俗」となっている。「総説」を担当した原田敏明（1893-1983）は、宗教は多少とも組織立った体系をもつのに対し、信仰は宗教よりも広いものであるとして、宗教と信仰は結び付く性質があり「宗教信仰」という言い方があるとしている。そして、「宗教信仰がその社会の民俗と結びつき、民俗のうちに生きていることが多い」と述べている。また、「そうした宗教信仰は決してただ人類精神の発達の一段階として生ずるものではなく、おそらくは人間的生活を営んだ最初から、すでに存したものであり、かつまた一方、精神生活がいっそう発達した場合には、その結果、なくなるようなものでもない」としている（原田［1959：1-2］）。原田は、民俗と宗教信仰との結び付

きの普遍性を主張することで、民俗学における「信仰」研究が幅広い視野をもつことを明らかにしたといえる。

■ 民間信仰の研究動向

地域社会に展開する民俗信仰の本格的な調査研究は、「民間信仰」という枠組みで発達した。「民間信仰」という用語の初出は、日本宗教学の基礎を築いた姉崎正治（あねさきまさはる）(1873-1949) が1897（明治30）年に発表した論文「中奥の民間信仰」であるとされる。姉崎の造語もしくは訳語なのかどうかわからないが、「民間には又自ら多少正当の組織宗教と特立したる信仰習慣を有する」という立場から、東北の陸前・陸中の調査旅行に基づいて、オシラ様や道祖神・馬の神の蒼前様（そうぜんさま）・地蔵・観音などの民間信仰を報告している（姉崎［1897］）。また、1925（大正14）年に刊行された加藤咄堂（とつどう）（熊一郎）(1870-1949) の『民間信仰史』は、日本における民間信仰の通史を目指したもので、神話をはじめ神祇（じんぎ）、仏教、陰陽道、神仏習合、修験道、神怪霊異など多岐にわたって取り上げている（加藤［1925］）。この加藤の著書は、1902（明治35）年に出版された『日本宗教風俗志』の増補新版であった。こうした姉崎や加藤の研究には直接的な後継者が現れず、民間信仰研究が本格化するのは第二次大戦後のことである。

柳田国男をはじめ多くの民俗学者と交流をもった宗教学者の堀一郎は、文献研究とあわせてフィールドワークを行い、民間信仰を研究対象とする宗教民俗学の樹立に努め、1951（昭和26）年に『民間信仰』を刊行している。本書は、第1部「民間信仰と民間伝承」と第2部「農村社会と民間信仰」で構成され、第1部は主として民間信仰の理論的把握と民俗学的アプローチの方法について論じ、第2部は農村社会における同族信仰や祭祀組織、祖霊・死霊信仰などの実態を考察している。民間信仰研究の意義は、成立宗教と民間信仰

が交錯する部分と、成立宗教の基礎をなす下部構造に焦点をあて、そこに表出されている「民衆の基本的な性向や意識」を究明することにあるとしている（堀［1951：5-6］）。堀の地域調査に基づいた実態解明と理論化を指向した研究は、その後の民間信仰研究のあり方を方向付けたといえる。

堀一郎の問題意識を継承・発展させ、民俗学における民間信仰研究を主導したのが櫻井徳太郎である。櫻井は民間信仰研究関連の著書を数多く刊行しているが、主要なものを挙げると、『日本民間信仰論』（1958年）、『講集団成立過程の研究』（1962年）、『民間信仰』（1966年）、『神仏交渉史研究』（1968年）、『民間信仰と現代社会』（1970年）、『日本民俗宗教論』（1982年）などである。櫻井の足跡が民間信仰研究の動向とほぼ重なるので、彼の民間信仰研究を前・中・後の3期に分けてみていきたい。柳田国男の影響を受けて民俗学に取り組んだ経緯から、『日本民間信仰論』に集約される前期の研究は、地域社会における「固有信仰」を究明するという指向が強く打ち出されていた。『日本民間信仰論』に収載された論文のうち、真宗の蓮如上人の忌日に門徒たちによって行われる蓮如忌行事を分析した論考は、櫻井の前期の特色がよく示されている。石川県の能登地方および金沢市に展開する蓮如忌行事には、①真宗寺院の仏教行事、②春先に特定の山に登って終日を過ごす山遊びとしての蓮如忌、③地域において①と②が併存または複合して行われる蓮如忌、の3類型がみられるとし、真宗の蓮如忌が広く普及するための受容基盤になったのは、山岳信仰や山遊び・山行きなどの固有信仰であると結論付けている（櫻井［1970：125-158］）。

こうした櫻井の研究は、『講集団成立過程の研究』から『民間信仰と現代社会』に至るまでの中期の段階になると、民間信仰を成立

宗教（創唱宗教）との対比でとらえるようになる。成立宗教は教祖・宗祖が存在し、その教祖・宗祖によって唱えられた教義・教理が確立しており、信者・信徒の組織的な教団体制が形成されている。成立宗教としての教団への加入は、原則として個人の自覚的入信に基づき、教団の布教・伝道活動によって特定の社会や民族・国家を越えた広がりを持ち得るものである。これに対して、民間信仰は成立宗教と異なり、地域社会の構成員が集団として世代的に継承してきた基層信仰であるとする。具体的には、成立宗教の教義や儀礼とは直接的な関係をもたないかたちで行われる氏神・鎮守神・産土神等を祀る神社の祭り、年中行事、通過儀礼（人生儀礼）、家の神や小祠の信仰、講、俗信などで、いずれも歴史的な系譜をもちながら、地域社会の人々の日常生活に密着した宗教（信仰）事象を民間信仰としてとらえているのである（櫻井［1966：9-41］）。

■ 民間信仰から民俗宗教への展開

櫻井の民間信仰研究の後期は、1970年代から晩年までであり、1982（昭和57）年にそれまでの論考をまとめて『日本民俗宗教論』を刊行し、「民間信仰」を揚棄して「民俗宗教」という用語を積極的に採用することを提唱した。櫻井は本書の「あとがき」で、「柳田国男の門に入り、その教導のもとに日本民俗学を勉強し、初めは主として民間の信仰伝承を調査し分析しながら、民族宗教の特質や固有形態に迫るという方向を辿っていた。その後、固有信仰の追跡をいくらこころみても、それは把捉できない幻想もしくは実態を遙かにかけ離れた仮象に過ぎないのではないかと考えるにいたり、先師の学問方向や方法と必ずしも同一歩調をとりえなくなった」とし、これまで「『民間信仰』の用語を使って、成立宗教の分野に属さない基層の民族宗教が機能する領域を示していたけれども、その銘辞はいかにも曖昧で適切で

ない。また、すでにこの語に学術的定義を与えた論者との違いを明確にする必要もあって、あえて『民俗宗教』の名称をとることにした」と述べている（櫻井［1982：303］）。

櫻井は民間信仰の構成的な特質として、原始的自然宗教をはじめ祖霊信仰・氏神祭祀、地域神信仰、外来信仰などが歴史的に累積された重層的構成をとるとともに、地域社会における生活空間の広がりに対応して屋内神、屋敷神、同族神、土地神・地域神、境界神などの信仰が機能する複圏的構成をとっているとしている。そして、これらの2つの構成原理が交錯するところに民間信仰が具体的に発現するとみている（櫻井［1982：36-50］）。このように民間信仰の複合性を追究していくと、成立宗教と民間信仰との間に一線を画し、両者を截然と分けてとらえることが難しくなるのも確かである。そこで、地域社会における民間信仰は、柳田国男のいう固有信仰や神道などの民族宗教を含む在来土着の信仰と成立宗教とが接触する広大な領域で通時的・共時的に展開しているという視点が打ち出される（櫻井［1982：14-35］）。こうした民間信仰の理解は、民間信仰研究が対象とする範囲を大幅に拡大することになり、従来の民間信仰という枠組みを越えて「民俗宗教」という用語を積極的に採用するに至ったのである。

民俗学において、民俗宗教という用語が使用されるようになるのは、1979（昭和54）〜1980年に『講座日本の民俗宗教』（全7巻）が刊行される前後からである。このシリーズの編者は、櫻井徳太郎をはじめ五来重、大島建彦、宮田登の4名である。五来は仏教民俗学の提唱者として知られ、大島は民間信仰や口承文芸の研究を精力的に行っており、宮田は民間信仰を中心とした多彩な民俗学の研究を展開している。宮田は編者としてかかわる段階で、すでに『民俗宗

教論の課題』(1977年)を刊行していた。『講座日本の民俗宗教』の構成は、①神道民俗学、②仏教民俗学、③神観念と民俗、④巫俗と俗信、⑤民俗宗教と社会、⑥宗教民俗芸能、⑦民間宗教文芸、の7巻である。このシリーズにおいて、「民俗宗教」という枠組みによって取り扱う研究対象の範囲が示されたといえる。

民間信仰から民俗宗教への展開が1980年前後に行われた背景には、大きく2つの要因があったといえる(谷口[1996：78])。第1は、民俗学の内部のみならず隣接分野からの研究対象の拡張が要請されたことである。それは、仏教民俗学の台頭をはじめ修験道、陰陽道、道教、シャーマニズム、新宗教などの研究が急速に進展し、それらが民間信仰と密接な関係をもっていることが明らかにされてきたことと関連している。第2は、民俗学が主にフィールドワークの対象にしてきた農山漁村の地域社会が、近代化・都市化によって大きく変貌を遂げてきたことである。民間信仰の成立基盤である地域社会が、かつてのような共同体規制を持ち得なくなるとともに、民俗学が究明してきた民間信仰や習俗が衰微してきた。こうした実状をふまえて、民間信仰をとらえる枠組みへの反省と再構築が求められたのである。

『講座日本の民俗宗教』以後

『講座日本の民俗宗教』は、それまでの民俗信仰研究の多様な成果を集大成する意味合いをもつものであった。今日から振り返れば、1970年代から80年代にかけて民俗信仰研究の成果が続々と発表され、最盛期を迎えていたといえる。

民俗学の諸分野のなかでも、民俗信仰研究は最も魅力あるテーマの一つとみられていたのである。1970年前後からマスコミ・出版界を中心に柳田国男ブームが起こり、民俗学が活況を呈する時期と

重なっていた。多くの論者によって、近代化がもたらした矛盾や歪みを克服し、日本社会を見直すために柳田の思想や民俗学の成果に学ぶという主張がなされた。こうした民俗学ブームが、民俗信仰研究を活性化させていたことは間違いないといえる。しかし、民俗学における民俗信仰研究についていえば、「民俗宗教」という新たな枠組みに基づいた本格的な調査研究の成果が提出されていないことに留意しなくてはいけない。『講座日本の民俗宗教』以後、民俗信仰研究は総合化よりもむしろ個別分野のテーマに絞った研究が主流になっていったのである。

　民俗学における民俗信仰研究の総合化・理論化にかかわる主なものについて、書籍を中心に示しておきたい。すなわち、高取正男『民間信仰史の研究』(1982年)、『宗教民俗学』〈高取正男著作集1〉(1982年)、日本民俗研究大系編集委員会編『信仰伝承』〈日本民俗研究大系第2巻〉(1982年)、宮田登編『神と仏―民俗宗教の諸相―』〈日本民俗文化大系4〉(1983年)、櫻井徳太郎ほか編『仏教民俗学大系』全8巻(1986-1993年)、『櫻井徳太郎著作集』全10巻(1987-1991年)、宮家準『宗教民俗学』(1989年)、坪井洋文『神道的神と民俗的神』(1989年)、池上廣正『宗教民俗学の研究』(1991年)、藤井正雄『祖先祭祀の儀礼構造と民俗』(1993年)、宮家準『日本の民俗宗教』(1994年)、赤田光男『日本村落信仰論』(1995年)、佐々木宏幹ほか監修『日本民俗宗教辞典』(1998年)、山折哲雄・川村邦光編『民俗宗教を学ぶ人のために』(1999年)、鈴木正崇『神と仏の民俗』(2001年)、宮家準『民俗宗教と日本社会』(2002年)、松崎憲三『現代供養論考―ヒト・モノ・動植物の慰霊―』(2004年)、宮田登『宮田登　日本を語る』1～16 (2006-2007年)、『五来重著作集』全13巻 (2007年-) などである。

　なお、日本宗教学会の機関誌『宗教研究』第325号 (2000年) に

おいて、「『民間信仰』研究の百年」という特集が組まれている。姉崎正治が「民間信仰」という用語を最初に使用してから100年の研究史を振り返り、今後の方向を見定めようというのが特集の主旨である。

民俗信仰研究の課題

民俗学における信仰分野の研究では、固有信仰・民間信仰・民俗宗教などの用語が使用されてきた。その他にも類似の用語として、庶民信仰・民衆信仰・基層信仰などがある。地域社会に展開する宗教（信仰）事象については、民俗学のみならず隣接諸科学においても研究が進められており、しかも研究者によって各用語の概念規定や意味付けが異なっていて、なかなか統一見解が得られないのが実状である。宗教学の藤井正雄は、宗教民俗学には3つの方向性があるとした。①宗教学からの「宗教」民俗学、②民俗学からの宗教「民俗」学、そして③宗教学と民俗学とが対等の重みで結ばれ、両学双方にまたがる「宗教民俗学」の成立が考えられるとした。そして、今後は③の立場から民間信仰を総合的に把握する「宗教民俗学」の確立を目指すべきことを主張した（藤井［1974：118-119］）。貴重な意見であるが、現状においては、そうした方向に進んでいないといわざるを得ない。

本書においては、「民俗信仰」という用語を積極的に採用した。その意図には、大きく2つある。一つは、「民俗宗教」という包括的な概念の設定によって、民俗学の立場からの主体的な研究が逆にみえなくなってきたのではないかという反省からである。これは、後ろ向きに受け止められるかもしれないが、そうではなく民俗学は生活のなかに組み込まれた宗教（信仰）事象を研究対象にするという原点に立ち返って、民俗学における信仰分野の研究を再構築したいという意図からである。もう一つは、民俗学研究の問題にかかわ

る点からである。民俗学には、信仰分野を独立させる立場とあまり独立の必要性を認めない立場とがみられる。確かに生活のなかに組み込まれた宗教（信仰）事象は、祭りや年中行事、通過儀礼などに織り込まれているので、あえて信仰分野を独立させなくても、そうした対象を研究することで、心意現象を究明する目的は達成できるとする立場にも一理があるといえる。しかし、日本の社会には、山の神・田の神・水神・祖先神・人神などをはじめ、地蔵・観音・不動・薬師などの仏菩薩、さらには動植物・日月星・風雨・雷などが崇拝対象として祀られてきており、これらを総合的に把握しそこから日本人の神観念や世界観を追究することは、民俗学の大きな研究課題であるといえるのではないだろうか。民俗学の立場からの信仰分野の研究に対して、「民俗信仰」という枠組みを設定する意義もそこにあるといえる。

　日本社会は、高度経済成長期を経て近代化・都市化が進展し、さらにグローバル化のなかで高度な消費社会・情報社会を迎えている。こうした社会の大きな変化によって、人間と自然との関係、人と人との関係、そして社会と社会との関係のあり方が改めて問われるようになってきている。かつて折口信夫が「信仰民俗学」の可能性を指摘し、これには2つの立場があるとした。一つは、「純然たる宗教学を研究する立ち場の人のしている民俗学」で、「世界宗教を研究してゆく一部面としての日本信仰を研究しようとする」もの。もう一つは、「日本の民族信仰から出発して、日本の風俗習慣、民俗を解決しようとする立ち場」で、「民俗のもっている問題を解決しようとするもの」である。折口は後者の態度が柳田国男の始めた民俗学で、「結局これがわれわれのもっている態度である」と述べている（折口［1971：95-96]）。民俗学の民俗信仰研究によって、人間と

自然と社会の関係を問い直すことは、人々の新たな共生のあり方を探る一つの手がかりになるものといえよう。

■ 引用文献

姉崎正治　1897年「中奥の民間信仰」『哲学雑誌』第12巻第130号、995-1025頁

石井研士　2007年『データブック現代日本人の宗教（増補改訂版）』新曜社

折口信夫　1971年「民俗学への導き」『折口信夫全集ノート編』第7巻、中央公論社、65-97頁

折口信夫　1976年a「先生の学問」『折口信夫全集』（中公文庫）第16巻、511-524頁

折口信夫　1976年b「民間傳承蒐集事項目安」『折口信夫全集』（中公文庫）第15巻、486-503頁

折口信夫　1976年c「民俗学」『折口信夫全集』（中公文庫）第15巻、1-22頁

加藤咄堂　1925年『民間信仰史』丙午出版社

川田稔　1992年『柳田国男―「固有信仰」の世界―』未来社

櫻井徳太郎　1966年『民間信仰』（塙選書）塙書房

櫻井徳太郎　1970年『日本民間信仰論（増訂版）』弘文堂

櫻井徳太郎　1982年『日本民俗宗教論』春秋社

谷口貢　1987年「柳田国男と仏教民俗―固有信仰を中心に―」『宗教学論集』第13輯、駒澤大学宗教学研究会、13-24頁

谷口貢　1996年「カミとホトケ―民俗宗教論の展開―」佐野賢治・谷口貢・中込睦子・古家信平編『現代民俗学入門』吉川弘文館、74-83頁

原田敏明　1959年「総説」大間知篤三ほか編『信仰と民俗』（日本民俗学大系　第8巻）平凡社、1-13頁

藤井正雄　1974年「宗教民俗学の方向」『季刊柳田國男研究』第6号、白鯨社、117-121頁

堀一郎　1951年『民間信仰』（岩波全書）岩波書店

柳田国男　1998年「郷土生活の研究法」『柳田國男全集』第8巻、筑摩書房、195-368頁

柳田国男　1999年「氏神と氏子」『柳田國男全集』第16巻、筑摩書房、231-373頁

柳田国男　2005年「童神論」『柳田國男全集』第33巻、筑摩書房、380-421頁

和歌森太郎　1981年「日本民俗学概説」『和歌森太郎著作集』第9巻、弘文堂、3-198頁

■ **参考文献**

赤田光男・小松和彦編　1997年『神と霊魂の民俗』（講座日本の民俗学　7）雄山閣出版

五来重・櫻井徳太郎・大島建彦・宮田登編　1979・1980年『講座日本の民俗宗教』全7巻、弘文堂

宮田登　2006年『カミとホトケのあいだ』（宮田登日本を語る　6）吉川弘文館

3

家の神信仰—屋内神と屋敷神—

宮内貴久

ムラの内と外　日本の村落空間を福田アジオは、ムラ・ノラ・ヤマという同心円状の空間モデルを提示し、人間が居住するのはムラであり、ヤマは神の領域、ノラはその中間的領域であると説明した（福田［1982：38］）。

そのムラ空間であるが、そこに住んでいる人々は、明確に村の内と外を意識している。村境には道祖神などの神々が祭祀されていたり、大きな草鞋の呪物や地蔵が祀られている。そうした小祠や呪物が祀られていなくても、祭礼の際に村境に道切りといって道路に注連縄が張られたり、御輿や山車が巡行するルートは村内に限るなど、非日常的な場面では境が象徴的に示される。これは農山漁村に限らず、都市部での祭礼でも同様である。東京都江東区門前仲町で3年に1回8月中旬に行われる富岡八幡宮の祭礼では、8月に入ると町と町の間に注連縄が張られる。農村ではか

写真 3-1　ワラジ（茨城県桜川市真壁）

つて虫送り行事の際に虫に見立てた呪物を燃やすのは村境、伊勢参りや出征する兵士を見送るのも村境までなど、ムラの内と外がはっきりと意識されている。

ムラの外側はムラ内の秩序が及ばない危険な空間であるのに対して、ムラの内側は道祖神が危険な霊や人間の侵入から守ってくれる、平和で安全な空間と考えられてきた。

家屋に祀られる神々

村は平和で安全な空間ではあるが、個々の家はさらに厳重に神々によって守られている。家を守る神々は、祭祀される場所により、屋外に祀られる神々と屋内に祀られる神々の2つがある。

屋外に祀られる神々には、大きく分けて屋敷地のなかに祀られる小祠と戸口など軒先に張られている祈禱札や呪物の2つがある。

屋敷神

屋敷地内あるいは屋敷続きの土地に祀られる神を屋敷神という。

東北地方から関東地方ではウジガミサマあるいはウチガミサマと呼ばれ、母屋の裏側の北・北西・北東・南西・南東などに祀られていたり、屋敷続きの畑に祀られていることが多い。ご神体は稲荷神であることが多い。他にも三峯様、浅間様、御岳様、八幡様、金比羅様、天神様、弁天様を勧請したというものもあり、民間宗教者が関与する場合もある。今日では祠は石製のものが大半であるが、木製のものもあった。茨城県桜川市真壁や牛久市などでは、屋敷神のことをワラホウデンという。石のご神体に藁で作った屋根、あるいは祠状のものが祀られている。この藁製の屋根は1年に1回、9月の祭りの時に作り替えられている。ウジガミサマの祭りは春と秋の2回行うことが多く、特に9月の祭りの際には祭祀する家だけでなく、分家した家など一族全体で盛大に祀られる。

写真 3-2　ワラホウデン（茨城県桜川市真壁）

　東海地方から中部地方では地主・地主神が分布している。

　西日本、特に中国地方から九州地方では祟りやすく荒ぶる神であると同時に祭祀者を守る荒神という神が信仰されている。荒神は火伏せ、火の神とされるがその性格

写真 3-3　地主様（広島県尾道市）

は多様である。家屋の外に祭祀されるものを外荒神という。屋敷神としての外荒神は祭祀を怠ったり祭場を荒らすと激しく祟るという地主神的性格をもつ。

軒先に祀られる神々

　軒先に祀られる神々の代表的な存在が、居住している地域の神社からもらってきた火難除け、盗難除け、疫病除けの祈禱札などである。火難除けでは三峯様、古峰ヶ原様、秋葉様が多い。

　京都市では鍾馗様という瓦製の人形を道路に向けて軒先に置く。向かいの家の鬼瓦からにらまれるのを嫌うという。これもまた悪霊除けである。

写真3-4　鍾馗様（京都府京都市）

　全国的にみられるのは、「大福長者蘇民将来子孫人也」「蘇民将来子孫の宿」など蘇民将来と記されたお札や注連縄である。これについては『備後国風土記』逸文に次のような説話が残っている。2人の兄弟がいた。兄の名は蘇民将来といい貧しく、弟は巨旦将来といい裕福であった。武塔神が旅に出た際に2人の兄弟に一晩泊まらせてもらえないかと頼んだ。貧乏な兄の蘇民将来は喜んで泊まらせてあげたが、裕福な弟の巨旦将来は断った。武塔神は帰りにも蘇民将来の家に寄り宿泊のお札に、茅の輪を腰の上に着けるように伝え、蘇民将来とその子孫まで、長く災厄から免れられることを約束し家は栄えた。それに対して、宿を貸さなかった弟の巨旦将来は滅びたという話である。この説話から、災厄除けとしての蘇民将来信仰がもととなって、全国各地にその名を記した祈禱札が貼られるようになったと考えられる。また、この説話から茅の輪を腰に着けると災厄を祓えるという民俗が伝承されている。

年中行事にみる呪物

　こうした戸口に貼られたお札だけでなく、年中行事をみていくと節目節目に何かしらの呪物を供えるという民俗がある。正月になると玄関に注連縄を張ったり、門松を立てるというのもそうした民俗の一つである。

　2月の節分の際に、豆をまくことと、鰯の頭を柊に刺した呪物を戸口に刺して鬼が入ってこないようにするという民俗は、今日でも全国的にみられる習俗である。今日では少なくなったが、竹竿の先

に目籠を付けて、それを軒先に飾るというものがある。これは目籠の編み目を目に見立て、鬼が家のなかに入ってこようとした時、たくさんの目がある妖怪がいると驚かせて、恐れをなして近づかないようにするというものである。

5月5日の端午の節供に菖蒲湯に入り、無病息災を祈るという民俗は現代でも残っている。今日ではほとんどみられなくなったが、菖蒲湯に入るだけでなく、無病息災を祈り菖蒲と蓬を束ねたものを軒先に刺したり、あるいは軒先に吊るすという習俗もあった。

以上のように、屋外に祀られる神々には、①居住する土地を守る、②同族集団を守る、③外部から侵入する悪霊・疫病を阻止するという性格がみられる。

屋内に祀られる神々

家屋内のさまざまな場所に神々は祀られている。これらの神々はご神体があり神棚などに常設された神と、普段はご神体はないが特定の年中行事の際に祭祀される神の2種類がある。まず、常設された神々についてみていきたい。

家の中に祭祀される神々には2つの種類があると最初に指摘したのは民家研究そして考現学を創設した今和次郎（1888-1973）である。今は『住居論』のなかで、福島県会津地方の民家についてスケッチとともに次のように記している。

> そして、その広間に祭られている神様たちは、内容的にみて、先の土間にいる神様たちとは明らかに性格が違う。それらは、どこそこに御本社があるという戸籍の明確なもののみで、すべて上から与えられた性格の神様たちである。大神宮、鎮守、その他いずれも、日本国民とか、何々殿様の領分の民とかいう意識を高潮させるような政治性を持っている神様たちである。
> （今［1971］）

このように、家のなかに祀られている神々には家屋の表側に祀られている戸籍の明瞭な神と裏側に祀られている戸籍の不明瞭な神の2つがあるというのである。

■ 戸籍の明瞭な神々　戸籍の明瞭な神々とは天照皇太神宮様（てんしょうこうたいじんぐう）、八幡様、天神様など、その由緒が明確なのである。たとえば、皇太神宮様は三重県の伊勢神宮、八幡様は大分県宇佐市の宇佐八幡宮（宇佐神宮）、天神様は京都の北野天満宮が本籍だということである。

これらの神々は、座敷や茶の間など家の表側に設けられた神棚に祭祀されている。神棚にはその地域の産土神（うぶすな）とされる神社のお札、さらには全国各地で参詣した神社のお札などが納められている。

調査で神棚を拝見する機会があるが、ダイジングウサマ（天照皇太神宮様）のお札を中央に置き、その右にその土地の産土神とされる神社のお札を供えている家を見かける。ところで、國學院大學の全国神社調査によれば、日本で最も多い神社は伊勢神宮ではなく、八幡神社である（岡田・加瀬編［2007：48］）。信仰には地域差があり、各地方の神社を多い順に紹介すると、北海道・東北地方では、八幡・

写真 3-5　神棚（茨城県つくば市）

伊勢・稲荷・熊野、関東地方も八幡・伊勢・稲荷・熊野、北陸・甲信地方では八幡・伊勢・諏訪・白山、東海地方では八幡・伊勢・白山、近畿地方では八幡・春日・稲荷、中国地方では八幡・天神・荒神、四国地方では八幡・天神・山神、九州地方では 八幡・天神・熊野・貴船である。

　もう少し細かくみると、天神神社は九州が４割を占める。諏訪神社が多いのは北陸・南東北・関東地方、鹿島(かしま)神社は茨城県が305社と圧倒的に多く、貴船神社は福岡県に140社、大分に94社ある。このように、信仰には地域差が存在している。さらに天照皇太神宮様のお札が普及しているが、必ずしも神社数に比例していない。このことは最近明らかにされたように、伊勢神宮が国家鎮護の総社とされるのはフィクションであり、戦前の国家神道(しんとう)を確立する過程で創出されたことと関係する。

　これらの神棚に祭祀されている神々を祭祀するのは主として男性である。正月に注連縄を張り替える、あるいは新しいお札をもらってきて古いお札と取り替えるのも男性の仕事である。また、正月に神棚そして年徳棚(としとくだな)に拝礼する際も、それを執行するのはその家の主人の仕事である。したがって、神棚は男性祭祀の場といえる。

　また、神棚に祀られる神々は死のケガレを嫌う。このため、家に死者が出て、葬式を執行する際には死のケガレを嫌って神棚に紙を貼り、四十九日が過ぎて喪が明けるまでそのままにしておく。

　また、神棚は神様がいる場所だから神棚の上を人が踏みつけてはいけないという習俗がある。神棚の部分だけは天井を張らずに吹き抜けにするというものである。また、どうしても神棚の上に２階を設けなければならない場合には、神棚の上に「雲」「空」という文字を書いた紙を貼るという事例も各地にある。津山正幹は、新潟県

写真3-6　神棚の上の「雲」の字（福井県越前市）

南魚沼郡湯沢町と兵庫県加古川市の事例を紹介しており（津山［2008：79-84］）、私も徳島県阿南市、福井県越前市でみたことがあり、全国的にみられる習俗のようである。

戸籍の不明な神々　戸籍の不明な神々は家の裏側、台所などに祀られている。火の神様であるオカマサマは竈やガスコンロの脇や台所の片隅に祭祀されている。水の神様である水神様は水道の蛇口の脇、井戸がある家では井戸神様が祀られている。大黒様、恵比寿様は台所の片隅に祀られていることが多い。

　これらの神様は戸籍が明瞭な神々と違い、どこそこに御本社があるというわけではない。特定の神社に属さないのである。もちろん、例外的に古峰神社、秋葉神社から火伏せのお札をもらってきたというものもあるが、オカマサマ自体は古峰神社、秋葉神社に所属しているわけではない。

直接生存にかかわる神々　特徴的なのはこれらの神々は、直接生きていくために必要なものをつかさどっている点である。オカマサマは煮炊きに欠かせない火、水神様と井戸神様は生きていくために絶対に欠かせない水、便所もまた排泄という生命維持に絶

対に必要な場であるし、排泄物は肥として田畑にまく肥料として欠かせないものである。恵比寿大黒は農家にとっては五穀豊穣、商家においては商売繁盛をもたらすと信じられている神である。このように、戸籍の明瞭でない神々は、直接生存にかかわることをつかさどる神々なのである。

そして、これらの神々は女性が祭祀することが多く、また葬式の際に神棚には紙が貼られ死のケガレを嫌うのに対して、紙が貼られることもない。つまり、死のケガレをいとわないのである。

その後の屋内に祭祀される神々の研究では、「表の神」と「裏の神」という枠組みで論じられるようになった。すなわち、戸籍の明瞭な神が「表の神」、戸籍の明瞭でない神が「裏の神」である。そして「表の神」は確かに何々神社とその由来は明らかであるが、家に祀られる神としての性格が不詳であるのに対して、「裏の神」は、直接生存にかかわることをつかさどるという性格をもっている。

そして、「表の神」が男性祭祀なのに対して、「裏の神」は女性祭祀であることが指摘された。さらに宮田登は家空間は女性の空間であることを明らかにし、家屋空間内のジェンダーの存在を指摘した。それは次のようなものである（宮田［1983：170］）。

男性：公・茶の間・座敷・神棚・床の間・天照大神
女性：私・納戸・台所・納戸神・かまど神・恵比寿大黒

火伏せの呪い歌

こうした屋内に祀られる神々以外で生活の安寧を祈る呪物として、室内に貼られたお札などがある。たとえば、山形県西置賜郡飯豊町Ｉ家の台所の消火器の傍らに、「火伏の歌　霜柱　雪の棟木の氷梁　雨の樽木に露の茸草　読み人知らず」と記された紙が貼られていた。古峰神社の印が捺印されており、近所の家が新築した際に配られたという。この歌で

漢字表記されているのは「霜・雪・雨・露」という「雨冠」の漢字、そして「氷」も含めて水を連想させる漢字と、さらに「棟木・樽木・葺草」という建築部材を示す漢字であるである。

写真 3-7 火伏せの呪い歌（山形県飯豊町）

この歌は神野善治によれば、静岡県裾野市須山では類似する歌が上棟式で歌われている（神野［2000：61］）。鹿児島県熊毛郡屋久町栗生では、家移り祝いで棟梁が唱える文言に同じ文言が登場してくるなど、建築儀礼にかかわる呪い歌である。さらに、『日本俗信辞典』によると、栃木県では12月12日に12歳の子どもがこの歌を書いて台所に貼ると火の用心になる、茨城県では火防のお守りとして柱か門口に貼る、山形県では就寝時か類焼の危険がある時に三唱すると火伏せになる、香川県では悪魔払いになると報告されている（鈴木［1982：220］）。他にも、北海道・山形・福島・栃木・群馬・神奈川・長野・静岡・福岡・熊本にも分布する火難除けの呪い歌であることを花部英雄は報告しており、全国的に火難除けの呪い歌として信仰されている（花部［1998：10-13］）。

| 仏　　壇 | 先祖の位牌や仏像などを祀るのが仏壇である。茶の間や座敷に置かれている場合が多い。特に、浄土真宗を信仰する地域の仏壇は非常に大きい。幅一間(約1.8メートル)を超えるものも珍しくなく、座敷とは別に仏間を設けている家も多いため、真宗地帯の家屋は他の地域よりも広いことが指摘されている。

仏壇の引き出しには過去帳や系図、家相を判断してもらった時に

作成された家相図などの文書が収められている。その他には土地の権利書、賞状、子どもの通信簿なども収められている。系図などは真偽が怪しいものもあるが、仏壇にはその家の「歴史」や「記憶」、大切なものが収納されている。

　仏壇では毎朝、水や炊いたご飯が供えられたり、読経が行われる。また、何かお菓子や果物などもらい物があった際には、まずは仏壇に供えてから食べるというのもよく目にする光景である。久しぶりに帰郷した折に、実家や親戚宅に挨拶に行った際には、まずは仏壇に灯明をあげて家族皆で、無沙汰と帰郷の報告をするのも盆や正月にみられる光景である。そういう意味では仏壇は今日でも祖先祭祀の中心的な役割を果たしているといえる。

　柳田国男は『明治大正史世相篇』「家永続の願い」のなかで、次のような興味深い話を紹介している（柳田［1990：249］）。師走の寒い雨の日に九州の門司で95歳の老人が警察に保護された。老人は傘すらもっておらず、風呂敷に45枚の位牌があるだけだった、という話である。柳田はこの話から、このような境遇の老人ですらどうしても祀らなければならない祖霊がいたこと、祖霊は子孫に供養されるのが当然であると期待していることを指摘し、民俗信仰のなかにおける祖先崇拝の重要性を論じた。

　確かに、火事などの際には、まず一番に仏壇を外に出すものだといわれるほど大切にされていたという話を耳にする。茨城県牛久市やつくば市では実際に火事に遭い、命がけで外に持ち出された一部が焼け焦げた仏壇を拝見したことがある。

　ところで、今日ではマンションや団地などに住む人が増えるにつれ、狭い部屋で仏壇を置く場所がないなどの理由から、仏壇をもたない家も急増している。1995（平成7）年の阪神淡路大震災の際に、

被災した人々が最初に外に持ち出したものの報告を研究会で聞いたことがあるが、仏壇を持ち出した人は驚くことに一人もいなかった。その代わり、家族の思い出が詰まったアルバムを持ち出した人は複数いたという。このことから、今日では先祖祭祀の場である仏壇の役割は変質し、さらに祀る人々の意識も変化したと考えられる。今後、私たちの生活のなかにおける仏壇の意味、人々の意識はどのように変化していくかを見据えるのも民俗学の一つのテーマであると考える。

■ 引用文献

岡田荘司・加瀬直弥編　2007年『現代・神社の信仰分布―その歴史的経緯を考えるために―』文部科学省21世紀COEプログラム國學院大學

神野善治　2000年『木霊論―家・船・橋の民俗―』白水社

今和次郎　1971年「歴史からの伝承」今和次郎『住居論』ドメス出版、112-113頁

鈴木棠三　1982年『日本俗信辞典』角川書店

津山正幹　2008年『民家と日本人―家の神・風呂・便所・カマドの文化―』慶友社

花部英雄　1998年『呪歌と説話―歌・呪い・憑き物の世界―』三弥井書店

福田アジオ　1982年『日本村落の民俗的構造』弘文堂

宮田登　1983年『女の霊力と家の神―日本の民俗宗教―』人文書院

柳田国男　1990年「明治大正史世相篇」『柳田國男全集』第26巻、ちくま文庫

■ 参考文献

飯島吉晴　1985年『竈神と厠神―異界と此の世の境―』人文書院

德丸亜木　2002年『「森神信仰」の歴史民俗学的研究』東京堂出版

直江広治　1966年『屋敷神の研究―日本信仰伝承論―』吉川弘文館

森隆男　1996年『住居空間の祭祀と儀礼』岩田書院

4 なりわいと民俗信仰

小島孝夫

なりわいと生活　なりわいとは、日々の糧を得るために行われる仕事を意味し、生計を維持するために行われるさまざまな生産活動に加えて、日常生活を安定した状態で維持するために行われる換金を伴わない諸作業をも含んでいる。日常生活の総体がなりわいであり、「生活」という言葉が一般的に用いられるようになるまでは、「なりわい」は「生活」と同義であった。

　昭和30年頃までの地域社会では、家ごとに世襲の家業が営まれており、その家に生まれた子どもは大人に混じって年齢に応じた仕事の手伝いを行い、仕事の内容を段階的にこなしていくことで次の段階の仕事を任されるという家族内での階梯的作業を経験しながら、一人前の働き手となり家業を継承していく素地を身に付けていった。また、大人たちは子どもの成長に応じて、日常的な労働を子どもに任せることで、子どもの成長を確認していくことを日々の生活の楽しみとしていたのである。一人の人間が一生を通じて一様の労働を行い、それが代々継承されていくことが当時の社会では家を維持することであり、それが地域社会にとっても最も望ましいことであると考えられていたのである。

　家を維持していくことは家のなりわいを維持していくことであり、

そのために当該社会では所与の自然環境に応じて、さまざまな生産活動が展開されてきた。しかし、それらは自然界の影響を受けやすいもので、人々は日常生活そのものであったなりわいの維持のために腐心することになり、生産活動に伴うさまざまな信仰を創出していくことになった。

本章では、農林漁業を主要ななりわいとしていた時代の民俗信仰が、地域社会の安寧やなりわいの成就を主眼としたものから家や個人の利益を主眼としたものに推移している様子を概観してみたい。

■ なりわいの場　農山漁村に生きた人々には、どのような心意が共有されていたのであろうか。農山漁村のなりわいは自然界の変化に左右されるという点では共通しているが、生活や生産活動の場が水平的に連なる農村と、それらが垂直的に連なる山村・漁村とは異なる面がみられる。後者では、主に生産の場となる山界や水界は異界ともとらえられ、自然界に対する畏怖や恐怖の念がいっそう強いものとなる。農業・林業・漁業といった第一次産業が地域社会の基幹産業であった昭和30年代頃までは、各家の農地や山林、漁場は個人や家の所有物であると同時に地域社会全体の公共物でもあるという意識が人々の間に共有されていた。

かつての地域社会では生活空間や生産空間を明確に区分するということが強く意識された。その空間は、個人の生活・生産の場と地域社会としての生活・生産の場とに分けられ、それぞれが重層的な祭祀空間としても意識されている。農山漁村においては、自然界に働きかけていくのに個人の力だけでは叶わず、人々の力や心意を統合して対処しなければならなかったため、祭祀の方法も段階的に行う場合が多かった。地域社会では、地域社会全体が協力することによって生活の安定が維持されるということが原則とされており、地

域社会を構成する集団に脱落者が発生することは即ち地域社会全体の共倒れにつながると考えられ、水田に通水する場合も個人の田は地域社会全体のための田でもあるという規範が人々の意識のなかに共有されていかなければならなかった。その意識を集団内でより確固としたものにするための手段として、共有空間などにカミ的なるものを祀ることで地域の統合を図り、人々のなりわいを維持してきたのである。

　生活の拠点となる集落には、地域社会を内部から守護する存在として氏神や産土神などが祀られ、さまざまな生産活動が行われる空間やそれらに従事する人々の安全を守護することが意図されていた。それらは人々の願意を統合するシンボルでもある。そしてそれらが当該地域の中心として意識されることで、隣接する地域との境界が強く意識され、ムラザカイ（村境）と呼ばれる空間にはサエノカミのような境界神が祀られたり、境界を明示する呪物や道切りの注連縄が張られたりした。生活空間を祓い浄め、併せて生活空間内に邪悪なものが進入しないようにする呪いでもあった。こうした呪いは地域全体で祭礼として行われることも多く、特に田畑の作業が本格化する３月から４月にかけて、当該地域内を神輿などが巡行したり、寺院で大般若経の転読を行うなどの浄めや祓いの行事が行われた。生活空間が海面により隔絶される沿海地域や離島においては、この意識はいっそう顕在化し、陸域の社寺や小祠などに加えて、島と本土とを結ぶ連絡船までが祈願の対象になっていった（寒に入ると島の婦人たちは、日を決めて島内の社寺や小祠を念仏を唱えながら巡行する。これをカンネンブツという。写真4-1）。

　こうした境界の意識は家族の生活空間である家屋においてもみられる。家族に害をなす盗賊や火事や流行病が家屋内に入り込まない

写真 4-1　カンネンブツ（徳島県阿南市伊島）

ような呪いが重層的に行われている。寺社から授かったお札やお守り、呪文を付したしゃもじ、節分にみられるようなヒイラギなどの特定の呪物などが、年中行事に組み込まれるかたちで家屋や部屋の入り口に段階的・重層的に配置されていくのである。家屋の境界については、婚姻における入家儀礼や葬儀における出家儀礼などの通過儀礼においても、門口(かどぐち)での作法が決められていた。

なりわいと民俗信仰　　往時の農林水産業には、人為を超えた自然環境の影響や打撃をいかに防ぐかを念頭に置いたさまざまな儀礼がみられた。多くの生産活動は季節の循環に応じて作業を行うもので、それらは気象などの自然環境の変動に左右されやすいものであったため、収穫などがより確かなものになるように、年間にわたり地域の人々が挙って予祝的な呪いを伴う儀礼を行うことが多かった。

農村の人々は作物の豊穣を守護する農耕神を信仰してきた。稲作においては田の神を、畑作においては諸作神などに豊作を祈願し、豊作に恵まれれば豊作を感謝してきた。農村のなりわいの中心となる信仰は田の神信仰である。小正月の予祝儀礼、春先に行われる水口(みなくち)祭りなどの播種儀礼、田植え初日に田の神を迎えて祀るサオリ行

事などの田植儀礼、稲の生長していく過程を通じて虫送り・鳥追い・風祭り・日乞い・雨乞いなどの除災や防災の呪術儀礼、田の神に収穫を感謝する穂掛け行事や刈り上げ祭などの収穫儀礼が行われる。畑作においては季節に応じて多様な作物を栽培するため、小正月にモノツクリ・粥占い・成木責めなどの予祝儀礼が集中している。

現在、年周期で断続的に行われる農作業は老夫婦に委ねられており、集中的に労働力を投下しなければならない田植えや稲刈りのような作業に際しては、農業後継者世代が休日などを利用して大型農業機械を駆使して短時間で終えてしまう。機械による農作業は自然環境に対峙する労働と質が異なるものになっている。ユイのような互助慣行はすでになく、田に引く水もそれぞれの田に敷設されたポンプにより汲み上げており水系利用に関する慣行も途絶えようとしている。このような農家経営を招来したのが第二次大戦後に農林省の助成により全国で行われた圃場整備事業であり、高度経済成長の進展に伴う農業の機械化・化学化である。そして、事業の実施や機械や農薬の購入を可能にしたのは収入面で農家の生活を支えたサラリーマンとなった農業後継者の存在である。現在の農村的景観は、このようにして維持されてきた。

林業は樹木の植伐とその間の枝打ちや間伐などの「山仕事」や「山稼ぎ」と呼ばれる山林の管理作業によって成り立っており、それらの行程にかかわる顕著な儀礼はみられない。むしろ作業の場となる山地を聖地とする意識から行われる山の神に対する信仰が注目される。猟師・山樵・焼畑といった山仕事の差異によって、人々の山の神に対する信仰内容が異なる場合があるが、山の神に対する慰謝や返礼の念は通底している。平地での「野良仕事」と異なり、山でのなりわいは恐怖や畏怖の念を伴うものであった。

猟師などが山に入った時に使う山言葉は、山を生産領域とする人々の空間意識を伝えるものであるし、山を海上での目印とした漁民が海上で用いる沖言葉との一致から海と山という異なる生産領域の連続性を示唆している。山林は森林資源を有する場だけではなく、水源地としての公共地でもあり、豊富な生活資源を提供する場でもあった。自給自足的には食料や燃料などになる草や木などの採取物があり、換金を前提とした交易品生産のための狩猟や木工業、薪炭業、鉱業などを成立させる資源を山は重層的に有していた。これらの資源や資源利用の技術は山村と里の農村との交流を活性化させることになった。山の資源を利用する人々の関係は、資源を共有することを前提に成り立っているため対等を原則としてきた。山菜類の採取は口明けの慣行により、特定の日時に一斉に採取され、狩猟の場合は獲物の分配は参加者全員で平等に行われてきた。山地で行われる焼畑は基本的に共有林が利用される。特定の区間を焼いて数年の間耕作し、地力が弱まると放棄して山に戻し、他の区画を焼いていく。この場合も山を焼く作業は共同で行い、栽培作業は単独で行うという原則があり、焼畑からの収益は耕作した個人の努力や能力に任せることで恩恵の平等分配の論理が貫かれていた。人々の間でこのような意識を統合していくために、山林を含む地域社会を守護してくれる山の神の信仰が生まれたが、なりわいとしての山仕事自体が衰微していく過程で、山村の生活も山の神に対する信仰も瓦解していくことになった。

　漁業においてもなりわいの場である水界を異界ととらえた信仰が顕著である。集落全体を祭祀空間とする氏神を中心とした信仰に加えて、網主や船主を中心とする漁撈集団・漁家・漁師単位で祀る霊格があり、願意の性質や切実さに応じた重層的な祭祀構造がみられ

る。概して俗信的な信仰も多くみられる。祭祀の対象は龍神やエビスなどの水界を統御すると考えられている霊格、その霊格を祭神とする香川県琴平町の金刀比羅宮（ことひら）や山形県鶴岡市の善宝寺（ぜんぽうじ）などの社寺、ヤマアテに用いられる霊山や海浜聖地、船に宿ると考えられている船霊などが、陸域と海域とをつなぐように垂直的に配置されている。

正月に人々を魚群に見立てて船上から餅やみかんなどを撒く予祝儀礼が行われるのをはじめ、大漁を報謝するマイワイ、不漁が好転することを祈願するマンナオシなどが行われる。大漁をもたらすものとされるものはエビス神とされており、兵庫県西宮市の西宮神社で祀られるエビス神をはじめ魚群を追って沿岸域までくる鯨やイルカをエビス神としたり、海中から特定の手続きで採集した石をエビス神のご神体としたりする信仰がみられる。

漁村の民俗信仰の多くは、漁民が経験を重ねることで体得した資源管理の思想を背景として創出されたものであった。

農村における変化

今日の農山漁村におけるなりわいは都市化の進展により、生産活動の場が近接する都市となり、なりわいに関する民俗信仰も変容していくことになった。

埼玉県北足立郡伊奈町は都心から40キロメートル圏に位置している。事例とする浅間地区は大字小室字下郷（しもごう）に属し、戸数は集合住宅に住む家を除いて106戸である。浅間地区はその西側の水田地帯を南北に貫通する県道さいたま栗橋線（旧大宮栗橋線）が敷設された1967（昭和42）年までは戸数25軒ほどの農業を主体とした集落であった。近世中期の元禄年間（1688-1704年）からの墓石を有する家とその分家、近隣集落から分家してきた家に加えて、関東大震災後に転入してきた家、第二次大戦中に疎開してきた家が混在しているが、全戸が浅間（せんげん）神社の氏子として集落を形成してきた。また、水田をも

つ家はさらに「農家組合」と称する集団を形成し、水路の管理や稲作作業における共同作業を行ってきた。その後、25軒のうち7軒が他出し、現在は18戸が浅間神社の氏子となっている。また、旧来の農家組合のなかで専業の農家は2戸のみとなった。行政上は、下郷区の下位に浅間組として位置づけられ、さらに12の班に細分されている。この12の班のなかに農家組合に属す家が分散している。

　浅間地区のなりわいの変化と民俗信仰の変化とを概観してみたい。埼玉県東部の南北に拡がる見沼田んぼへと連なる「里の田んぼ」と呼ばれた水田に、第22回国民体育大会の開催にあわせて高規格の県道が敷設され、その後に水田全体が埋め立てられ1978（昭和53）年に宅地としての分譲が行われた。また、浅間地区の家が落ち葉搔きしていた山林が東北・上越新幹線建設のために買収されたことも加わり、それまでの浅間地区のなりわいの拠点であった水田を多くの家が手放すことになり、それによって得た現金により集落内の家屋の建て替えが急速に進んでいった。また、大宮台地の末端に位置する集落の周辺の農地は市街化調整区域として農地が維持されたが、それまでの陸稲（おかぼ）・麦・甘藷（かんしょ）を主体とした作付けから、果樹や花卉（かき）栽培へと変化していった。現在でも農家組合が中心となって続けてきた行事が継続されているが、その趣旨や内容は変化している。

　農家組合に属す家が所有する農地で集落のほぼ全域が占められており、日常的な景観や緑地の管理は18戸によって行われている。こうした旧住民と新住民との交流等の機会として、農家組合が継続してきた農事暦に即した行事が利用されている。

　浅間神社の行事は氏子が1年周期の持ち回りで担当する、総代2名によって管理されている。新総代は前年末に前総代との引き継ぎを行い、正月飾りの準備をすることからが新総代の仕事となる。1

月半ばに氏子各戸の家長が神社に集まり新年会を催す。この機会に、浅間組内の行事や懸案事項についての確認が行われる。

現在のような新年会の形態に至るまでには2段階の変化があった。もともとは総代の家を宿にして1月と2月に2回の新年会が開かれていた。2月の新年会は小正月の新年会と考えられていた。それが、1979（昭和54）年を最後に新年会は1月の1回だけとなった。「里の田んぼ」が埋め立てられた時期に重なり、文字通り小正月の新年会が消滅した。1990（平成2）年に神社の境内に社務所をかねた公民館が建てられたことが契機となって、新年会の宿は公民館となり、総代の家の負担が減少していくことになった。

通常、その1週間後に氏子各戸の主婦たちの新年会が行われるが、神社に集まることはせず、当該年の幹事が会食をする店を決め、そこで主婦たちの新年会が行われる。総代は隣接する2戸が循環しながらつとめるが、女性の幹事は新年会だけの役で、地区内を二分してそれぞれから一人ずつの幹事が選出される。

専業農家が2戸となっても続いていたのが、神奈川県伊勢原市の大山阿夫利神社と群馬県榛名町の榛名神社への代参である。かつての浅間組は代参講としても機能しており、正月の新年会で籤を引き、各社の代参人が3名ずつ決められた。大山は雨乞い、榛名は霜除けの祈願をするために出かけていたが、農作業が始まる4月が代参時期とされていたため、後述するハルギトウ（春祈禱）と併せると4月の毎週日曜日が組の用務で埋まってしまうので、兼業農家の農業後継者にとっては大きな負担となった。そうした事情から、各社への終い籤になったところで、1998（平成10）年に大山に、1999年に榛名に全員で参詣し、宿としてきた各御師宅に代参を休む旨を伝えることになった。代参が行われていた頃は、各社の祈禱札が浅間地

区の出入り口に辻札として立てられ、各家にそれぞれのお札が配られたが、代参の休止により辻札を立てる慣行はなくなった。

　稲作の準備が本格化する４月には、浅間地区では春祈禱が２回行われている。４月初旬に、下郷区全域を三匹獅子が巡行する下郷区の春祈禱が行われる。こちらはフセギ（防御）とも呼ばれる。浅間を含む７地区の神社や寺社跡地を区の役員全員でめぐるもので、かつて行われていたという三匹獅子の舞は完全に消滅し、新たな住民には豊作祈願や用水の確保という本来の趣旨はあまり理解されていない。むしろ、地区間を巡行してくる獅子や役員たちを地区をあげて歓待するということが主眼となっており、30分ほどで役員たちが発つと地区の人たちによる直会が行われ、地区内の人たちの懇親の場となる。浅間地区ではこの春祈禱に組長と班長が役員として参列し、地元では接待を担当する。このようなかたちになるまでは、巡行してくる来客の接待は神社の総代の役割とされており、２人の総代はそれぞれ夫婦で対応しなければならなかった。

　４月下旬になると、浅間地区では埼玉県上尾市平方の八枝神社から獅子頭を納めたオシシサマ（お獅子様）と呼ばれる神輿を借り受け全戸を巡行した。平方の獅子は疱瘡や厄病除けの御利益があると考えられてきた。現在もこの行事は続けられているが、これまでに各戸の巡行方法を人力からリヤカーを利用したものに変え、1996（平成８）年からは借り受けた神輿を浅間神社拝殿に安置し、地区内の巡行は八枝神社から借り受けた幣だけで行うようになった。幣持ちを担当するのが組長、八枝神社のお札を配るのが総代の担当ということになり、他の氏子は幣が一巡してくるまでの間、神社で思い思いの話をしたりカラオケに興じたりして待つことになった。

　このように浅間地区のオシシサマは簡略化しながらも現在も続け

られているが、こうした推移の背景にあるのは単に農家が減少したからというだけではない。なりわいの変化と併せて、家庭内の変化にも留意しなければならない。かつては、オシシサマの巡行には多くの子どもたちが加わった。子どもたちの役割は、ハタモチといって獅子頭の巡行に先行して幟(のぼり)を運ぶことであった。獅子頭と一緒に50人ほどが一度に訪ねてくるため、子どもが先行してやってくると接待の段取りがよかったのである。各家の家長と子どもたちを接待するために酒肴や饅頭・煮物など他の家と献立や味付けが異なるように工夫をしたり、当日の接待を行うことは女性たちには大変な負担であった。本来こうした行事で、多くの来訪客を伴ってオシシサマが家を訪れてくることは、家や屋敷を浄めその年の豊作を予兆させることで、予祝的な意味合いがあった。

　ところが、兼業農家が増加していく過程で、農業後継者の配偶者となる人たちも多様化し、農家の事情を承知しないまま嫁いできた人たちはこうした予祝的な行事を過度な労働ととらえ、また、当日の接待のために職場を休むことも負担となっていった。兼業農家の農業後継者とその配偶者世代が子育てを終えて、各戸で世代交代が進む過程で、まず、人力による巡行がリヤカーによるものに変わり、ついで獅子頭の巡行そのものをやめることになっていったのである。このことは前述の新年会の推移と共通している。

　フセギの場合は、三匹獅子による雨乞い儀礼が途絶えていく過程で、獅子頭の巡行をすることで、地域内での円満な用水確保を図ることを中心とする行事になっていったものとみられる。現在では下郷区内の専業農家もわずかとなり、稲作を行う農家も少なくなった。それでもこの行事が広域地域間での交流や各地域内での懇親の機会として評価されているのは、それまでなりわいの場として意識され

てきた空間が、新たな住民がこの行事に参画することで新旧住民が共有する生活空間として再構築することができたからであろう。

オシシサマの場合は、かつて農業に従事してきた氏子たちだけの行事にとどまっているため、なりわいの場として意識できる農地がなくなり、家屋敷を超えた空間を地域の共有空間としてとらえることができない配偶者が大多数を占めるようになると、その行事を喜ぶ各家の子ども層が行事に加わらなくなった段階で、家族からの評価も失われたということになろう。幣が巡行している間に雑談をしながら待っている男性たちから、この行事の本来の意義が忘れ去られると、オシシサマの行事は途絶えていくことになるのであろう。

一方で、浅間神社の初山(はつやま)と山閉(やまじ)めは、浅間神社の由来にもかかわる行事であるため、世代交代が進んで構成員が変わっても続いていくことが予測される。7月1日の初山には近隣地区から1年の間に生まれた子どもを伴った参詣者が集まる。この日は、浅間神社が地区の氏神としてだけでなく、近隣の人々から評価を得る機会であり、初山は神社を護持している氏子たちがそのことを自負する機会にもなっている。オシシサマの行事が他者からの評価を失っていった事例とすれば、初山は他者から評価を得ている事例ともいえよう。山閉めは9月1日の富士山の閉山式とほぼ同日に行われる。全国的に知られた行事との一体感と、台風の来襲を危惧してきた旧農家の二百十日に対する思いとが重なり、平日であってもほとんどの氏子が参集することになる。浅間神社の年中行事はこの日を最後にして終わるが、農というなりわいが主要なものでなくなった現在、限られた氏子によって護持されてきた浅間神社と地域社会との関係がどのように推移していくのかを示唆しているように思う。

漁村における変化

漁村においては、そこで行われた漁法の種類によって祈願のかたちが異なり、同一地域においても漁法が変化すれば祈願のかたちも異なる場合がある。千葉県九十九里地方は江戸時代からイワシ漁が盛んな地域であった。九十九里地方の沿海地域に祀られている神社には幕末期のイワシ漁の様子を描いた大絵馬が数多く残されている。これらの絵馬を奉納したのは地曳網漁を行っていた網元たちで、その画題は各網元が所有していた大地曳網を引き寄せた浜の賑わいが描かれている。そして絵馬には網元のもとで地曳網の主要な作業を任されている人々も願主として加えられている。ところが、1888（明治21）年に九十九里地方でイワシの群れを沖で捕獲する改良揚繰網が開発されると、沿岸域までイワシが回遊してこなければ捕獲ができない地曳網漁は急速に衰微し、多くの網元は廃業していくことになった。この時改良揚繰網漁の担い手になったのは、イワシの販売などで資本を蓄積した商人たちで、彼らもイワシの豊漁と海上安全を祈願する絵馬を奉納している。しかし、これらの絵馬の願主は経営者自身かその夫婦になっており、同じイワシ漁であり同様の祈願内容であっても漁法の変化により、祈願の主体が集団から個人へと変化しているのである。

この傾向は明治時代以後、いっそう顕著になる。千葉県銚子市の川口神社には30数柱のウミガメの墓が建立されている。これらの墓は、人の墓と同じように石塔が建てられており、石塔の表には「海亀之霊」などの銘文に加えて、建立者の氏名や船名などが刻まれており、その墓の建立者が他者にも明確にわかるようになっている。銚子市の海岸線を歩くと、カメノハカと伝えられている墓があるが、それらの墓は土を盛っただけの無標のものか丸石を置いただけのも

写真4-2　ウミガメの墓

のである。川口神社や市内の数社で行われたウミガメの墓石建立は何を示しているのだろうか。漁村では、ウミガメは一般に海神の使いとされ、海上でウミガメが体を預けていた板などの漂着物をカメノマクラと称して、豊漁を授けてくれる縁起物として珍重する慣行がある。また、ウミガメに遭遇すると酒を飲ませて海に帰すということも日常的に行われてきた。このように漁民にとってウミガメは非常に大切な存在なのである。このように考えれば、漁民の海神に対する篤い信仰心がこれらの墓に顕在化しているということになるのであろうが、実態は異なる。これらの墓に埋葬されているウミガメはイワシ漁の船主によって埋葬されたもので、イワシ網漁によって死んだものである。漁船が動力化されず漁法も機械化されていなかった明治40年代頃までは、イワシ漁でウミガメが死ぬことはなかった。船上からウミガメを目視すれば船を旋回させ、網に入ってしまった場合は網の外に出すことが人力によって可能であった。ところが、漁船の動力化や漁法の機械化が進展していくと、漁の効率を優先することになり「わかっていても」ウミガメを傷つけたり網に巻き込んだりして窒息死や圧死させるということが起きるようになったのである。漁師の不注意によって絶命したウミガメであるから、人と同じような墓石を建立し手厚く葬ったと考えることもできるし、ウミガメや海神の祟りを恐れて手厚く葬ったとも考えられる。

しかし、これだけでは墓碑に刻まれた船主名や船名の説明には十分ではない。これらを刻んだ意味は、ウミガメを死に至らしめたことを深く懺悔してということだけではないのである。墓を建立した当事者たちは、これらの墓をウチノハカとかウチノカメサマと呼んでいる。広い海洋で生息するウミガメは漁民すべてに豊漁や海上安全を叶えてくれる不特定多数の人々にとっての守護神と考えられている。不幸にして死に至らしめたウミガメはその当事者にとって懺悔の対象であるが、当事者が手厚く祀れば当事者自身にとっての私的な守護神にもなるという心意が潜んでいるのである。カメノマクラを珍重する心意と同様のものであろう。漁船や漁法の機械化が著しい漁の世界においては、豊漁や海上安全に対する願意が漁撈集団を単位にするものから漁業者個人のものへと推移してきたことがうかがえる。

なりわいの変化と民俗信仰　農山漁村では1955（昭和30）年からの高度経済成長の影響により、農産漁業の兼業化が進展していった。そのことと併せて、地域社会の都市化も進展していくことになった。農山漁村の労働力が主要都市周辺に流出し、生産活動空間の開発や潰廃も進んだ。その結果として、それまでの定常構成家屋が減少していく過疎化と農林漁業以外の職業をもつ人が農山漁村に住む混住化が顕在化していくことになった。特に、1968（昭和43）年に施行された都市計画法は農山漁村の混住化を急速に進めることになった。これらの現象が従来のなりわいの民俗信仰のありかたにさまざまな影響を与えていくことになった。

　地域社会が共有する空間で行われてきたなりわいが衰微すると、それらを維持するために行われてきた儀礼や行事はそれを続ける必然性を失っていった。加えて、離村などで定常構成員が欠落してい

くと、人員的にもそれらの継続が困難になっていった。

　一方、混住化が進んだ農山漁村では、さらに2つの傾向が顕著になった。混住化が進むことで従来のなりわいの維持が困難になったり消滅したりした場合には、儀礼や行事も休止や消滅の方向に進んだ。ところが、地域内を巡行する要素が付与された行事は「地域内安全」を謳うことで、新たな住民からの共感を得ることになり、新旧住民が相互理解や交流する場として再評価されていくことになったのである。埼玉県秩父市久那(くな)で毎春行われるジャランポン祭りは葬式祭りとも呼ばれる行事である。排仏毀釈以前は宗源寺という寺の夏の虫送り行事であったというが、現在は諏訪神社の春季祭礼の付祭として夕刻に行われている。村人に「悪疫退散居士」という戒名(かいみょう)を与えて死人に見立て擬似的な葬儀を行い、神社まで葬列を仕立てて死者を送り、しばらくして死者が再生するという内容は、農繁期を迎える地域内を浄化し、農作物の豊作を予祝する行事であったが、30年ほど前から秩父市周辺の山間部から里におりてきた人々が下久那地区にも住むようになり、地区内の戸数が20戸から80余戸に増加していく過程で、神社の祭典が終わった後の時間を下久那地区の会合にあて、その余興的な流れでこの行事を行うことで、旧

写真4-3　ジャランポン祭り（埼玉県秩父市久那）

住民を中心とした行事から地域全体の行事へと位置づけを変えていった。

こうした事例が農山漁村で都市化が進んだことで発生した過渡期的なものなのか、今後も継承されていくのかは予測できないが、なりわいの民俗信仰の主願が地域社会全体の守護や安寧から家や個人の利益に変わっていく傾向がいっそう強くなるなかで、地域社会を生産空間から生活空間としてとらえ直すことが可能な場合は、なりわいの民俗信仰として継承されてきたものが当該地域社会において維持されていくことが可能になるということを示唆している。

■ 参考文献

伊奈町教育委員会編　2002年『伊奈町史　民俗編』埼玉県伊奈町

小島孝夫編　2005年『海の民俗文化―漁撈習俗の伝播に関する実証的研究―』明石書店

桜田勝徳　1980年『漁民の社会と生活』(桜田勝徳著作集　第2巻) 名著出版

田中宣一　1992年『年中行事の研究』桜楓社

田中宣一・小島孝夫編　2002年『海と島のくらし―沿海諸地域の文化変化―』雄山閣出版

野本寛一・香月洋一郎編　1997年『生業の民俗』(講座日本の民俗学　5) 雄山閣出版

福田アジオ　1982年『日本村落の民俗的構造』弘文堂

柳田国男　1946年『先祖の話』筑摩書房

湯川洋司　1991年『変容する山村―民俗再考―』日本エディタースクール出版部

5 通過儀礼と民俗信仰

八木　透

人生の節目における祈り　毎年11月の休日となると、都市近郊の著名神社では七五三参りの親子連れで大変な賑わいをみせる。七五三は、本来は関東地方を中心に行われてきた儀礼であるが、近年では関西から西の諸地域でもよくみられるようになった。一方、筆者が住む京都では、3月から4月初旬の休日には、観光地として知られる嵯峨嵐山の法輪寺で「十三参り」が行われる。数え13歳になった子どもたちが、法輪寺の本尊である虚空蔵菩薩に参詣して知恵を授かるとされる行事である。このような人生の節目に、さまざまな社寺において行われる儀礼は、他にも数えれば枚挙に暇がない。現代でも、子どもたちの健やかなる成長や良縁、健康、そして安らかな老後や長寿を願い、人々は頻繁に神仏に手を合わせていることがわかる。

　出産・初宮参り・食い初め・初誕生・七五三・十三参り・成人・結婚・厄年・還暦、そして葬儀と、私たちの一生の間には数々の儀礼が行われる。それらのなかには、子どもの誕生や結婚のように、家族にとって喜ばしい儀礼もあれば、お葬式のようにできれば経験したくない儀礼もある。しかし望むと望まざるとにかかわらず、生をうけた者はやがて成長し、そして老いて、いずれは死を迎えると

いう宿命を背負っている。人生の節目に行われるこれらの儀礼を、民俗学では「通過儀礼」「人生儀礼」「人の一生」「冠婚葬祭」などと呼び慣わしてきた。

そもそも「通過儀礼」とは、オランダの人類学者であるヴァン・ジェネップが、20世紀初頭の著書『通過儀礼』においてはじめて提示して以来、世界的に注目されるようになった概念である。ジェネップによれば、諸民族の通過儀礼の特質として、年齢や身分などの変化に伴って、現在の状態から別の状態へ移行する前段階としての「分離期」、移行の中間段階としての「過渡期」、そして新しい状態へ組み込まれる「統合期」という3段階の儀礼によって成り立っているという。これは換言すれば「死と再生」の繰り返しであるともいえる。このように考えると、それぞれの儀礼が種々の神仏をめぐる信仰や呪術的儀礼と不可分であることは、ある種当然だともいえるだろう（ジェネップ［1977：9］）。

本章では日本人の通過儀礼に関して、出産をめぐる儀礼・新生児をめぐる儀礼・子どもの成長儀礼・成人と婚姻儀礼・死と祖先祭祀をめぐる儀礼の5段階に分け、それぞれの儀礼について概観しながら、そのなかにみられる民俗信仰の諸相について考えてみたいと思う。

血のケガレと「血盆経」

今日でこそ、出産で死亡することは少なくなったが、過去においては、出産はある意味で命がけだったのかも知れない。不幸にして産婦が亡くなると、かつては特別な葬儀や供養が行われた。特異な死に遭遇した者は、通常の供養では成仏できないと考えられていたからである。このような慣習は、女性の血に対するケガレの観念とも関連があると思われる。

血のケガレと深いかかわりがあるのは「血盆経」という仏教経

典である。これは中国で作られた、いわゆる偽経であり、日本では室町時代後期より民間に広まったと考えられている。そこで説かれているのは、女性は出産の時に大量の血を流すので、地の神を汚し、また人々の飲料水になる川を汚す。その罪によって、女性は死後「血の池地獄」に落ちるというものである。血の池地獄に落ちるのは、はじめは産褥で死亡した女性だけであったのが、やがては子どもを産めずに死んだ者も含まれるようになり、ついにはすべての女性がその対象とされてしまった。妊産婦が死亡した場合は長くこの世にとどまり、夜な夜な道端に出没するという。通行人に赤ん坊を抱いてほしいと頼む、ウブメという妖怪の伝説が各地に伝えられているが、これは産死者が妖怪化した姿である。このような女性や出産に対する考え方は、まさに男尊女卑的な女性蔑視の思想であり、日本では中世以降の仏教の影響を受けながら、特に近世の武家社会において定着したものと思われる。

ところで、民俗社会では女性の月経や出産における血をケガレとみなし、忌み嫌う反面、一方では、女性は男性よりも神に近い存在として、神祭りの中心的役割を演じてきたことも事実である。歴史のなかでも、たとえば古代の耶馬台国の女王であった卑弥呼や、伊勢神宮の神に仕える斎宮などはすべて女性であることが条件とされていた。このように日本では、女性が両義的な存在としてとらえられてきたことも忘れてはならない。

新生児を守護する神仏

かつては、産後間もない時期に多くの新生児が不幸にも死んでいった。最も危険な期間は生後3日目までであり、また7日目までとも考えられていた。このように、新生児の魂はきわめて不安定なものと信じられていたのである。医学の知識が乏しかった頃、小さな魂をこの世につなぎ止め、無事

に成長していくことを人々はさまざまな手段を講じて神仏に祈った。

出産の際に、産婦と新生児を守ってくれる神を「産神（うぶがみ）」という。産神は厠神（かわやがみ）、箒神（ほうきがみ）、山の神など、地域によってさまざまな伝承が伝えられているが、いずれも姿形がはっきりしない漠然とした神で、また神話に登場するような著名な神ではない点で共通している。産室に箒を立てかけておけば安産になるという伝承や、妊婦が箒をまたいではいけないという伝承は各地で聞かれるが、どうやら箒は産神の依り代（よりしろ）としての意味があったようだ。また箒は掃き出したり掃き集めるという機能から、新しいいのちをこの世に送り出すための呪術的な道具であるとも考えられていたようである。

胞衣をめぐる習俗

新生児の魂を左右するものとして、エナ（胞衣）や臍の緒が挙げられる。胞衣は、アトザン（後産）、ヨナ、ノチザンなどとも呼ばれる、いわゆる胎盤のことである。今日でこそ胞衣は汚物として処理されてしまうが、出産が家で行われていた時代には、特に胞衣は新生児の将来に大きな影響をもつものとして、特別な方法で扱われた。胞衣の処理の仕方は、便所に捨てる、墓地に埋葬する、胞衣壺などと呼ばれる容器に入れて屋敷地内に埋める、玄関の敷居の下に埋めるなど、地域によってさまざまな伝承が聞かれる。いずれにしても、胞衣は新生児の分身のように考えられており、新生児の性格、健康、運命などに大きな影響を及ぼすものと信じられていた。

たとえば京都府長岡京市では、胞衣はヨナと呼ばれ、かつては夕方まで便所に置いておき、暗くなってから父親がヨナステバ（胞衣捨て場）という特別な場所へ捨てに行ったという。ヨナステバはどこの村でも村はずれにあり、普段は近づいてはいけないといわれていた場所である。このように、胞衣を墓地やそれに類する特別な場

所に埋めるという事例とともに、胞衣を人の遺体と同様の扱いをするという例もあった。それはおそらく、胞衣は新生児の抜け殻であるという認識があったからで、だからこそ魂が抜けた後の遺体と同じような処理がなされたものと考えられる。

初宮参りとアヤツコの呪力

生後30日前後に行われる初宮参りは、氏神に氏子として認めてもらい、また村の一員として承認されるための第1段階の儀礼である。初宮参りの際に、子どもの額に「犬」の字や、男児なら「大」、女児ならば「小」の字を書くという例は全国で聞かれる。これは「アヤツコ」と呼ばれ、もとは2つの線が斜めに交わる形状を指し、竈の墨や鍋墨で「×」の印を付けるものであった。それがいつしか本来の意味が忘れられて「犬」や「大」の文字に変わり、また鍋墨では汚いので紅が用いられるようになった。ゆえに「大」や「小」の文字そのものに特別な意味はない。アヤツコは異なった2つの世界が交差することを意味する印で、それが転じて魔除けとみなされるようになったものと考えられる。

このように、産まれたばかりの子どもは、しばらくの間象徴的な意味において前世とのつながりのなかで育つのであり、そこでは新

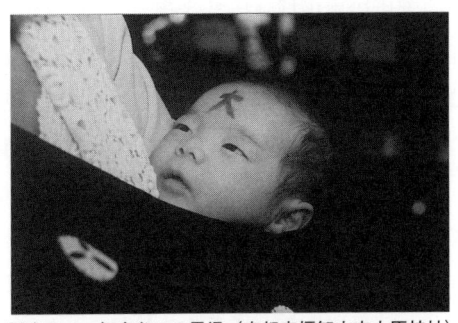

写真5-1 初宮参りの男児（京都府福知山市大原神社）

生児の前世にかかわるあらゆる事物に対して特別な意味を付与し、それらの霊的な力に頼ってでも、子どもの無事なる成長を願った。だからこそ、これらの儀礼の背後に潜む信仰には、呪術的な性格がきわめて濃厚にみられるのである。いずれにしても、新生児をめぐる儀礼のなかには、小さな魂を神仏の力を借りてでも守らねばならなかった頃の、人々の切実な願いが見え隠れしている。

食い初めと米の呪力

子どもの生後100日目はモモカ（百日）などと称し、この前後の時期に食い初めを行う。子どものための膳を新調し、男女児にそれぞれふさわしい茶碗や箸を準備して祝う。これらのものは母親の生家が買い揃えて婚家へ贈るのが通例である。子どもの家では赤飯を炊いて尾頭付きの魚を添え、親戚を招いて飯粒を子どもに食べさせる真似をする。

日本人はかつて、米は神から授けられた特別な呪力をもつ食物であると考えていた。病人の枕元で竹筒に入れた米を振ると病気が治ったという伝承がある。これは「振り米」と呼ばれる習俗で、米の呪力によって病が治ると信じられていたのである。子どもに飯粒を食べさせるのも、米の呪力で小さな魂に生きるためのエネルギーを充電するという意味があったのだろう。

ところで、京都府の南山城地域では赤、青、白３色の小さな丸石を川原から拾ってきて食い初めの膳に置き、子どもに食べさせる真似をする。この石は後々まで水瓶に沈めておいて、子どもがひきつけを起こした時に舐めさせたともいう。これと同種の事例は全国で聞かれ、丸石は食い初めには欠かせないものであったようだ。

出産後すぐに炊かれる産飯にも丸石が添えられるとする事例がよく聞かれるが、そのことから考えると、食い初めの丸石も産飯と同じように、産神の象徴であると考えることができよう。産神は出産

を助けてくれるだけではなく、生後の子どもを危険から守ってくれる神でもあった。このことからも、丸石は成長過程における子どものいのちと深いかかわりをもっていたことが想像できる。また少し違った見方をすれば、食い初めの丸石は、子どもの魂を象徴しているとも考えられるだろう。現代人は、一度いのちを授かったら生涯それが機能するものと思っているが、古くは、魂はことある度に補充しなければならないものであった。いうならばいのちの更新である。生まれて間もない子どもは何度も何度もエネルギーを補充して、生きていくための魂を強化する必要があった。3色の石を用意するのも、また後々まで水瓶に沈めて残しておくのも、小さないのちが成長してこの世にしっかりと定着するまで、魂をこの世につなぎ止めておくための充電源としての意味をもっていたのではないかと考えられる。

七つ前は神の内

子どもの7歳の意味を考える時、「七つ前は神の内」という伝承が重要なヒントとなる。これは7歳になる前の子どもはまだ神の領域にいることを意味している。不安定であった子どもの魂は7歳になってようやく安定し、この世に定着すると考えられていたのである。だからこそ、7歳の宮参りは、子どもの成長過程において特に重要な意味があった。

伊豆大島の南の太平洋上に浮ぶ利島や新島では、子どもの生後14日目をウチカタリといい、この日にハカセババアと呼ばれる産婆がハカセ（博士）という子どもの守り神を作る。ハカセは半紙を2つに折って三角形の底の部分に米を入れ、5枚の笹の葉を挿した簡素なものである。この神は子どもが7歳になるまで家の神棚で大切に祀られる。子どもは7歳までハカセがついているから危険な場所へ行っても難を逃れるといい、また子どもの夜泣きがひどいので

神棚をみるとハカセが倒れていたという話も聞かれる。やがて7歳の11月15日に、子どもは晴着を着て氏神に参詣し、ハカセを納める。この日、子どもの家では親戚を大勢招いて「七つ子の祝い」が盛大に行われる。これは子どもがハカセの守護下を離れて人間社会の仲間入りをしたことを披露する祝いであるといわれている。

このように、利島や新島では産婆がハカセババアと呼ばれて出産を介助するとともに、7歳までの子どもの守護神であるハカセを祀る、一種の宗教者であったことや、7歳までの子どもはハカセの守護下にいるので、事故や災難に遭遇しないと信じられていたことがわかる。すなわち「七つ前は神の内」の伝承が示す通り、7歳という年齢は、神の領域にいた幼児が人間としての子どもへと移行する重要な節目であり、子どもは7歳になってようやく社会的人格が認められたのである。

登山と成人儀礼

男子の成人儀礼に際して、信仰の対象とされている山に登ったり、あるいは特定の社寺を参拝することは全国で聞かれる。これが、「登山・旅行・社寺参詣型」と呼ばれる成人儀礼の一形態である（八木［2001：220］）。たとえば富山県では、古くから立山に登らなければ男になれないといわれており、男児は15歳か16歳で必ず立山登山をし、頂上の雄山神社に参詣して、はじめて若衆仲間に加入することができたという。また青森県津軽地方でも、15歳頃になると旧暦8月に岩木山に登り、帰路は烏帽子と仮面を被って異装をなし、「よい山かけた」と叫びながら戻ったという。さらに古くは登山の帰路に遊廓へ立ち寄り、はじめて性的な体験をするという例もみられた。このように、霊山とされる山への初登山は、一人前の若者になる者に肉体的な試練を与えると同時に、その際に性的にも一人前になるための経験をさせ

るという目的が付加されていたのである。

社寺参詣と成人儀礼

京都とその周辺地域では、冒頭でも紹介したように、数え13歳になった男女児が嵯峨嵐山の法輪寺に参詣し、本尊である虚空蔵菩薩から知恵を授かるという慣習がある。これが「十三参り」である。七五三の慣習が希薄であった関西地域では、十三参りはそれに代わる子どもの年祝いとして、また一種の成人儀礼として、多くの人々に親しまれてきた。かつては旧暦3月13日、今日では4月13日が十三参りの日とされているが、「13」という数字は、虚空蔵菩薩の縁日である13日に由来するものである。虚空蔵菩薩は天空をつかさどり、虚空のような広大無辺な知識や徳を授けてくれる仏として、地蔵菩薩とともに古くから人々の篤い信仰を集めてきた。今日の十三参りでは、子どもがそれぞれの願いを一文字の漢字に託し、紙に記して虚空蔵菩薩に奉納する。また帰る時は、桂川に架かる渡月橋を渡り終えるまでは決して振り返ってはならず、もし振り返ったらせっかく授かった知恵を逃してしまうといわれている。十三参りは18世紀後半から一般に普及したといわれているが、当時は、特に京都西陣の織物関係の工職人層の信仰を集めていたといわれる。すなわち虚空蔵菩薩から授かるとされる知恵の源流は、針や織物の「技術」であったようだ。今日でも、法輪寺は針供養の行事を通して織物や和裁の関係者の参拝が多く、また漆器守護としての信仰がうかがえるなど、技術や技芸とのかかわりが深い。

生まれ変わる花嫁

結婚は、人生のなかで最も華々しい通過儀礼である。特に花嫁が豪華な婚礼衣装に身を包み、婚家へ嫁ぐ時の嫁入儀礼は、女性にとっての晴舞台であり、誰もが幸せを噛みしめる時でもある。それは今も昔も変わらない。

しかし全国のさまざまな婚姻儀礼をみてみると、死をめぐる儀礼と共通する要素が多く存在することがわかる。

たとえば花嫁が生家を発つ前に、茶碗に山盛りに盛られたご飯を食べさせ、家を出て行く時にその茶碗を割ったり、また花嫁が自家の玄関先で藁火をまたぐという習俗はかつては広い地域でみられた。これらの所作は葬儀の出棺の際に行われる儀礼と同様である。出棺時に死者が使用していた茶碗を割ったり、棺が藁火をまたぐという儀礼は、あの世へ旅立つ死者が亡霊となってこの世に舞い戻ってこないように願い、また同時に死のケガレを火の力で浄化しようとする意味があったと考えられる。ならばこれから他家へ嫁いでいく花嫁も、あの世へ旅立つ死者と同様に扱われていたのであろうか。それは基本的には、花嫁という一人の女性の所属する家が変わることによって生ずる、さまざまな社会的矛盾や葛藤を回避するための呪術的な儀礼であると考えられる。花嫁は生家を出て婚家へ入ることで、象徴的な意味で「生まれ変わる」と考えられていたのであり、具体的には新夫婦の離縁を忌み、花嫁の生家と婚家の結合を確認したり、嫁が婚家に早く定着することを願うという意味があったのだろう。一方で、祓いや浄化の意味をもつと思われる儀礼の背景には、何らかの危険から花嫁を守るという意味があったように思われる。

これらの一見不思議に思われる儀礼には、生まれ育った生家を出て他家へ嫁ぐという、まさにこの世とあの世にも匹敵するような象徴的な境界を越える花嫁を守護しながら、無事に新しい人生の目的地へ送り届けるという隠された意味があったのであろう。

死者から先祖へ

人間にとって死は決して逃れられない宿命である。人類がいかに科学の発展を極めようとも、人を死の恐怖から解放することはできない。往古より、世界中

のすべての人々が死者を丁重に弔い、それぞれの信仰や世界観に応じて死者を祀るための儀礼を行ってきた。これが葬送儀礼と呼ばれるものである。

日本では、人は死後、霊魂と肉体とが分離するという認識が古くから存在していた。これは一般に「霊肉別留」という言葉によって示されてきた観念である。日本では肉体よりも、どちらかというと霊魂を重んじ、大切に扱うという特徴がみられる。そして、死者の魂は長い年月の間繰り返し供養を受け、やがて先祖になると考えられてきた。その過程における儀礼について、赤田光男は「蘇生」「絶縁」「成仏(じょうぶつ)」「追善(ついぜん)」という4要素に分類して説明している(赤田[1986: 35-120])。

蘇生儀礼は人の生死の境において行われる儀礼で、息を引き取った者から抜け出た霊魂を肉体に呼び戻す、いわゆる蘇りを願う儀礼である。具体例としては「魂呼び(たまよび)」と称し、身内の者が空のほうを向いたり井戸の底を覗き込みながら死者の名を呼ぶという伝承が聞かれる。いかに死者の蘇りを期待してもそれが叶わぬこととわかると、人々は遺体に対する忌避観や死霊に対する恐怖観を抱くようになる。愛慕と恐怖という観念は一見矛盾するようであるが、時の経過とともに愛慕の感情は次第に恐怖へと転ずるのである。この時に行われるのが絶縁儀礼である。さらに葬式を終えた後、この世から送り出した死者を、無事にあの世へ送り届けるための儀礼が成仏儀礼である。そして最終段階としての追善儀礼は、四十九日以後の、たとえば百か日、さらに一・三・七・十三回忌などの年忌を指す。これらは主として仏教儀礼として行われることが多い。追善儀礼を経て、やがて「弔い上げ(とむらいあげ)」などと呼ばれる儀礼が行われる。これは死者を祀るための最後の儀礼で、ここにおいて「死者」はようやく

「先祖」になると信じられていた。その時期は地域によってまちまちであるが、おおむね三十三回忌頃とする例が多い。

 日本の先祖観については諸説があるが、少なくとも死直後の霊魂が荒ぶる怖い存在であるのに対して、繰り返し儀礼を行ううちに、徐々に浄化され、やがて「先祖」に昇華していくものと考えられていたといえるだろう。

さまざまな墓制

民俗学がこれまで明らかにしてきた墓制の様相は、地域や時代によってさまざまである。具体的には、遺体を埋葬する場所と石塔の建立との関係を軸に、単墓制・両墓制・無石塔墓制・無墓制という4種の形態として示されている。

 単墓制とは、土葬された遺体もしくは火葬された遺骨と石塔の場所が同一地点にある墓制を指す。これに対し両墓制とは、近畿地方を中心として、中部・関東および山陰地方の一部など特定の地域にみられるもので、埋葬墓地と石塔を建てるための墓地である石塔墓地を別々に設ける点に特徴がある。埋葬墓地は、文字通り死者を埋

写真5-2 埋葬墓地(滋賀県東近江市)

葬する場所として人里離れた山の中や、遺体が流されてしまいそうな川原や海岸の波打ち際に設けられることもある。これに対し石塔墓地は、檀那寺や集会所など村の中心部に設けられることが多く、神社のすぐ脇に位置する例もある。

ところで、浄土真宗地帯などでは、土葬した後四十九日までは埋葬地に参るが、その後は寺へ参るだけという例や、火葬した後の遺骨を本山に納めたり、あるいはすべて遺棄してしまい、石塔を建立しないという例もみられる。このような事例は、以前はすべて「無墓制」と称されていたが、土葬の場合、埋葬するための墓地はあるわけだから、「無墓制」という表現はあまり適切だとはいえないだろう。そこでこのような墓制を、火葬でまったく墓を設けない「無墓制」と区別して、「無石塔墓制」などと称することが一般的になりつつある（新谷［1991：37-42］）。

改葬と洗骨　日本で最も一般的な葬法は土葬である。全国ほとんどの地域で火葬が普及した今日でも、離島や山村などでは、まだ土葬を行っている地域もある。土葬の場合、遺体を埋葬して年月が経つと、肉体は朽ち果てて骨だけが残る。そうなることによって死者は成仏するものと考えられていた。しかし沖縄、奄美や南部伊豆諸島などの特定地域では、埋葬後何年かしてから再び墓を掘り起こし、白骨化した遺骨を取り出して改めて埋葬し直すという慣習がみられた。これを民俗学では「改葬」という。その際、遺骨を海水や焼酎などで洗い清める「洗骨」を伴うことが多く、その場合は「洗骨改葬」とも呼ばれている。

八丈島のシャリトリ　伊豆諸島の南部に位置する八丈島では、近年はすべて火葬になったが、土葬の時代にはシャリトリと呼ばれる改葬が行われていた。シャリトリは、

写真 5-3　シャリトリ（東京都八丈島、1977 年）

だいたい十三回忌か十七回忌の頃に行うという例が多いようであるが、必ずしも一定していない。シャリトリでは、埋葬した遺体を掘り起こし、骨を焼酎や海水で洗い清める。特に頭蓋骨は丁寧に洗うという。洗った骨は適当な箱に入れられて、同一墓域内の先祖墓の下に再び埋葬される。

　改葬を行う理由について、八丈島では「墓地が狭いので、新しい死者を埋葬するスペースを作るため」と語る人が多いが、「シャリトリをすると死者に出会ったような気になれる」ともいわれている。八丈島における改葬の民俗的意味は、死者そのものに対する祭祀としては最後の段階にあたる儀礼であり、それは死者の存在を「遺骨」を通して再確認し、同時に「死」という事実をも再認識するための機会であったのではないかと考えられる。さらに改葬では、遺骨の存在を確認することによって、実在としての死者への直接的祭祀をこれによって終了するという意味があったのではないだろうか。このように、改葬という習俗は、両墓制や単墓制という従来の墓制類型論と同じ範疇において論じられるべきものではなく、墓制の問題とは別の、死者祭祀の構造のなかに位置付けられるべきものである

といえるだろう。

■ 日本の通過儀礼と民俗信仰の特質

誕生から死、そして先祖に至るまでの過程における通過儀礼を大きく3段階に分けるとすると、第1段階は、誕生から7歳の儀礼までがおよその区切りとなるだろう。誕生後まもなくの間は、非常に頻繁かつ繰り返し儀礼が行われるが、その間隔は徐々に開いてゆき、初誕生を迎えるあたりから次の儀礼までは相応の時間が置かれるようになる。まったくの無の状態から新たないのちが誕生し、それが日を追うごとに成長して、やがて「人」に近づいていく。しかしその過程はきわめて危険に満ちており、一つ間違うと、幼いいのちはすぐに消滅し、生まれたばかりの魂は前世に引き戻されてしまう。そうならないように、人々は頻繁に、繰り返し儀礼を行いながら、不安定な魂を何とかこの世につなぎ止めようとしたのである。またそれらの儀礼は、不安定な魂の強化と安定を目的としたために、必然的に呪術的性格を強く帯びたものとならざるを得なかったのだろう。さらに儀礼の背後にみられる信仰も、出産における「血盆経」などの例外を除けば、神道や仏教などとはどちらかといえば無縁の、民俗的・呪術的性格が濃厚にみられるものであった。

第2段階としては、成人から結婚、厄年等の儀礼が想定できよう。これらのなかで、成人儀礼と婚姻儀礼は人の一生において特に重要な意味を有する儀礼であるが、これらは第1段階の儀礼と比べると、いのちや霊魂などとのかかわりは希薄であり、それよりも人と人、家と家などの、いわゆる社会関係の調整と再編成を目的とした儀礼が中心であるといえるだろう。ゆえにこれらの儀礼には信仰的、呪術的性格がどちらかといえば希薄なのである。

第3段階としては、死者を弔う儀礼、さらに墓をめぐる儀礼、そ

して祖先祭祀儀礼が含まれる。ここにおいて、再びいのちや霊魂の問題が顕在化し、第1段階の儀礼以上に、呪術的な性格が強く表面に現れることになる。さらに、仏教が死者祭祀や祖先祭祀にきわめて大きく関与する点が、日本の民俗信仰の特質だといえるだろう。日本の仏教は、死をケガレとして忌む観念とは無縁であると考えられてきた。家族の死には愛慕と恐怖という二律背反的な意識が存在するが、そこに仏教が強く影響することによって、後者よりも前者が強調されるようになり、その結果、葬送儀礼のなかで「絶縁儀礼」が徐々に縮小化されていったことは十分に想像できる。その意味において、日本の仏教は肉親の死に直面した人たちの、決して合理化できない、極度にやりきれない心の葛藤を、若干なりとも平安に導く「癒し」の役割を果たしたといえるだろう。

　これまで、日本の通過儀礼のなかにみられる民俗信仰の諸相について概観してきたが、通過儀礼はいのちや魂をめぐる信仰を潜在的に内包しており、それらが特に誕生や成長儀礼、あるいは死をめぐる儀礼において顕在化することがわかった。また通過儀礼のなかにみられる民俗信仰は、どちらかといえば神道や仏教などとは無縁の、きわめて呪術的性格が濃厚であるが、特に死をめぐる儀礼においては仏教が強く関与していた。ならば少なくとも中世以降の日本仏教は、「血盆経」に示されるように、女性の血に対してはケガレとみなし、どちらかといえば日常から遠ざけようとしたのに対して、死に関しては、特にケガレを意識することなく、逆に死に寄り添いながら、人々の恐怖や愛惜の念を、いくばくか和らげる役割を果たしたということになる。このような日本仏教の民俗的性格とその背景についても、今後はより詳細に考察していく必要があるといえるだろう。

■ 引用文献

赤田光男　1986年『祖霊信仰と他界観』人文書院
ヴァン・ジェネップ著、秋山さと子・彌永信美訳　1977年『通過儀礼』思索社
新谷尚紀　1991年『両墓制と他界観』吉川弘文堂
八木透　2001年『婚姻と家族の民俗的構造』吉川弘文館

■ 参考文献

飯島吉晴・宮前耕史・関沢まゆみ　2009年『成長と人生』（日本の民俗　8）吉川弘文館
板橋春夫　2007年『誕生と死の民俗学』吉川弘文館
井之口章次　1977年『日本の葬式』筑摩書房
江守五夫　1986年『日本の婚姻―その歴史と民俗―』弘文堂
大藤ゆき　1967年『児やらい』岩崎美術社
倉石あつ子・小松和彦・宮田登編　2000年『人生儀礼事典』小学館
佐藤米司　1971年『葬送儀礼の民俗』岩崎美術社
新谷尚紀・波平恵美子・湯川洋司編　2003年『一生』（暮らしの中の民俗学　3）吉川弘文館
瀬川清子　1980年『女の民俗誌―そのけがれと神秘―』東京書籍
波平恵美子　1985年『ケガレ』東京堂
八木透編　2001年『日本の通過儀礼』思文閣出版
吉村典子　1992年『子どもを産む』岩波新書

6 講と小祠の信仰

牧野 眞一

講 と は 関東地方の各地で、初午の日に朱い鳥居の前に幟旗が立っているのをみたことがあるかも知れない。この社は稲荷社であり、祭日に供物を供えて祈禱した後、稲荷社を祀る集団が集まり飲食するのである。こうした集まりや集団を稲荷講という。稲荷社はオイナリサンとかイナリサマなどと呼ばれ、全国的に祀られている神である。信仰圏の広い神社でも祀られているが、路傍や屋敷内に祀られていることも多い。こうした小祠やその信仰集団である講集団とは何であろうか。

講集団の研究を進めた櫻井徳太郎によれば「講とは、宗教上もしくは経済上その他の目的を達成するために、志を同じくする人々の間で組織された社会集団の一種である」と規定している（櫻井［1976：98］）。また、櫻井は講成立の条件として「複数以上の人間と家とを構成員にしなくてはならない」として一個人や一戸では講を形成できないという（櫻井［1976：113］）。

講という名称は、もともと仏典を講義し講説する仏教の講会に源がある。平安時代には特に、法華経を講読供養する法会である法華八講が貴族社会で流行し、後に民間にも浸透するとともに、神仏習合的な考えから山の神や稲荷神といった小祠の祭りなどの集まりに

も講を用いるようになった（櫻井［1988：458-479］）。

また櫻井によれば、講は機能的側面から宗教的講・社会的講・経済的講の3つに分類できるとし、それらは宗教的であり社会的であるといったように併合して存在することもあるという。社会的講としては東北地方の契約講や一族の株講、若者の若衆講などがあり、経済的講は頼母子講・無尽講などが挙げられる（櫻井［1976：103-112］）。

在地講と参拝講

宗教的な講は、信仰対象が地域社会内に存在するものと、地域社会外に存在するものとの2つに分けて考えることが多い。前者を在地講とか村内講といい、後者を参拝講・参詣講という。在地講は、古くから祀られている山の神や田の神・地神・水神などを祀る講や、自然の日や月を崇拝対象とする日待講・月待講などがある。日待講はもともと朝日が昇るまで、宿に集まってこもる講で、月待講は二十三夜など特定の日に月を拝んだり飲食したりする講である。日待は後に講の集まりを意味する言葉としても使われる場合もあった。暦日の庚申の日に夜ご

写真6-1　稲荷講（埼玉県さいたま市）

もりする庚申講も広く分布している。稲荷講は地域社会外の稲荷神社に参拝する参拝講もあるが、多くは地区や組などの稲荷社を祀る在地講といってよいだろう。

一方、参拝講は地区外の社寺や山岳を信仰対象として定期的に参拝する講である。伊勢神宮を参拝する伊勢講は全国的に分布し、東北地方の恐山講や岩木山講・出羽三山講、関東・中部地方の富士講・木曾御嶽講・三峯講・榛名講・武州御嶽講・大山講・成田講・古峰ヶ原講・戸隠講・善光寺講などがみられ、西日本でも比叡山・熊野・高野山・伯耆大山・石鎚山・英彦山など著名な山岳や社寺に参拝する参拝講が多数存在する。

地域社会内の講

ここで埼玉県三郷市のある地区の講のありようをみてみよう（牧野 [1990：53-66]）。当地区では三峯講・宝登山講・雷神講・念仏講があり、かつては富士講や大山講もあった。ここでは念仏講だけが在地講であり、他は皆参拝講である。このように、地域社会内には複数の講集団が結成されている。それは「講的社会結合によって個人や家の存立が保証されるという原理の上に立つから」であると櫻井は指摘している（櫻井 [1976：114]）。

三峯講は埼玉県秩父市の三峯神社、宝登山講は秩父郡長瀞町の宝登山神社に参拝する講であり、両講とも同じ秩父地方に存在するためセットで行われている。講は、講の事務的取りまとめ役である講元が、毎年希望者を募って参拝する。地区内にも三峯神社があり、講元は秩父の三峯神社でお札を受けて納めることになっている。つまり三峯講は地区内の三峯神社の講ともなっているが、本来この小祠は秩父の本社から勧請したものである。

このように地区外に信仰対象をもつ講であっても、地区内にも小

祠を祀ることも少なくない。たとえば伊勢講の信仰対象として神明社を祀ったり、富士山を信仰する富士講で地区内に浅間神社を祀ったり、富士塚を築いたりすることなどがある。これは地区から遠い信仰対象に対して、近くにも参拝することができる対象をもっていたいという心意からきている。三峯・宝登山講は火伏せや盗賊除けのため、地区のほぼ全戸が加入していた。講は地区内の組を単位にして運営され、年ごとにくじ引きで代表の組を決め、順番に三峯神社と宝登山神社に参拝した。その頃は地区内には11の組があり、それぞれ11年間参拝の費用（講金）の積立てを行い、その間一度だけ組ごとに参拝できるのである。こうした講の参拝の仕方を「代参」といい、くじ引きや輪番で代参者を決め、地区や講を代表して参拝し、講員分のお札を受けてくるのである。代参者が参拝から帰ってくると、講の会合がもたれ、その席で代参からお札が講員に配付され、皆で飲食して祝う。これを当地ではオヤマガエシといった。代参というかたちは、かつて盛んに行われた、遠方の社寺を皆が参拝できる仕組みであり、月々僅かな積立金で一度は参拝できるという経済的に好都合な講の参拝形式であった。参拝講のなかでも特に代参講と称すこともある。しかし、こうした講の運営も昭和20年代までで、地区内に農業を専業とする家が減少し、交通の便もよくなってくると、希望者を募って、その都度講金を払って参拝するというように講の運営も変化していった。

　雷神講は、茨城県つくば市の金村別雷神社に参拝する講で、大正時代に落雷の被害があり、地区の神社境内に雷神社という小祠を祀り、本社に参拝するようになった。この講もかつて雷除けや五穀豊穣を願って代参のかたちで運営されていたが、今では講ではなく希望者が集まって自家用車で参拝するというかたちに変わっている。

富士浅間神社に参拝し、富士登拝する富士講や、神奈川県伊勢原市の大山阿夫利神社に参拝する大山講もかつてあったが、祈禱したりして講員を先導する先達や、事務的まとめ役の講元がいなくなるなどして、講が休止されていった。このように講には、まとめ役が重要であり、それぞれの講では世襲であったり、輪番であったりという選出の方法が決まっている場合が多い。参拝講には、地区外に出て、道中でいろいろなものをみたり、山に登って自然にふれあうなどといった、信仰以外にも遊山的な要素があった。しかし、生業の変化や信仰的意識の低下、交通機関の改善、娯楽的要素の低下などから、東京近郊の一地区全体で構成する講は変化を遂げることになったのである。

在地講としての念仏講は、60歳以上の女性で結成されており、毎月決まった日に神社の拝殿や寺院の本堂などに集まって、念仏や和讃・御詠歌などを皆で唱える。その他、彼岸の念仏を寺院で唱えたり、盆には新盆の家に頼まれて念仏を唱え、また新築祝いにも依頼されて念仏を唱えたりするなど地区で一定の役割を果たしていた。念仏講は宗派にかかわらず、60歳前後になると地区の女性は皆入ったものであったが、次第に加入する人が少なくなっており、参拝講と同様に同好会化している。念仏講は当地では年齢集団としての性格をもっていたが、このように一定の年齢層で結成される講も広くみられるところである。

こうしてみてくると講は、地区の全戸加入から任意加入へと、昭和30年代からの高度経済成長期に変化していったことがわかる。しかし、農村地域であっても任意加入の講はかつてから存在した。櫻井は講の特色として、「加入が任意であること、つまり総じて任意団体としての性格が強い」と指摘している（櫻井［1976：115］）。講

は、本来ある目的をもって結集した任意加入の集団であり、地区内の全戸が加入したかたちの講は、講の一つの変化ともいえる。

■ 講の組織と儀礼　関東地方の大山講や武州御嶽講などは、かつての村を単位として組織されている場合が多い。それは御師や先導師といった宗教者が、その信仰を村ごとに広めていったということによっている。これに対し、関東地方や東海地方などでは、地区を越えて広く講員を集める講がある。それは木曾御嶽講で、いうまでもなく長野県の木曾御嶽山を信仰する講である。講は、講社とか講中などとも呼ばれ、祈禱などの宗教的な指導者である先達を中心に活動する。その信仰に関心を示す人々が、村を越えて広い地域から参集して結成した場合が多い。そうした講員のなかから、さまざまな修行をして副先達や先達となって、講でとり行う「御座」という降神儀礼に参加したり、そうした儀礼を中心となってとり行うようになる。このようにして先達が受け継がれ、儀礼や木曾御嶽登拝などの講行事が今でも継続されている（牧野［2007：75-81］）。講の組織や儀礼などは、同じ木曾御嶽講でも異なっていることが少なくなく、それぞれ講の歴史や組織・儀礼などを調査し、講の存在意義を明確にしていくことも必要であろう。

　ただ、組織のあり方からみると、木曾御嶽講の多くは、現在では、教派神道の一派であった御嶽教や、木曾御嶽本教などの教会、あるいはその支部として存在する。このような講は、櫻井によれば「教団の支部組織としての講」に分類される講である（櫻井［1976：109］）。しかし、教派が成立したのは明治時代であり、講員の間ではかつての講名で呼ばれているなど、活動の実態はかつての講を継承している場合が少なくない。また、教派とかかわりなく活動している講もあるので、それぞれの講ごとに検討していくべきである。

ただし、浄土真宗の報恩講、日蓮宗の題目講・身延講など仏教宗派の講は、既成教団の支部組織と位置付けられる講といってよいだろう。

地域社会における講の受容

木曾御嶽講も木曾山麓地域となると、地区全体で講を結成するなどというように地域社会と密接なかかわりをもった講として存在する。宮田登は木曾御嶽講や富士講、出羽三山講などを考察し、一つの山岳を中心とした信仰圏の設置を試みている。すなわち、信仰対象たる「山麓により近いほど、地域共同体と密着した—たとえば氏神とか山の神とかムラ全体の登拝を必要とする型で表出しており、信仰圏が拡大するにつれ、講集団—これも地域共同体意識の強弱に応じて、組結合と等しいものからたんなる同信者結合の代参講集団に至る—を成立させていることが推察できるのである」と指摘している（宮田 [1993：27-28]）。信仰対象にごく近い山麓地域では、講組織は存在せずとも村行事のなかにその信仰が取り込まれていることも少なくないのである。

千葉徳爾（1916-2001）は、地域社会の神観念を変えてゆく力には、外からの作用と内部発生したものがあり、特に外からの作用について注視し、信仰を媒介する宗教者などの存在や、神観念の変化などを文献から指摘している（千葉 [1976：82-104]）。また、櫻井は参拝講などの講を、地域社会の外部から内部へと信仰を受容する媒介組織としてとらえ、その受容過程を考察している。地域社会の氏神の存在で満足できた時期は、他の信仰が地域社会内に入り込むことはなかったが、氏神の統制力が衰えると地域社会外からの信仰が流入してくる。さらにそれにも信仰対象からの遠近などによっていくつかのかたちが存在すると考察している。たとえば、地域社会にとって外部から入ってきた神は、信仰対象地から遠隔地ではそれを受容

しなかったり、氏神とは別の信仰として受容したりしているが、近くなるにつれ氏神に付属するかたちや境内末社として存在する。さらに接近した地域では、氏神そのものが強い影響を受け、氏神の地位を得てしまう場合もあったと指摘している（櫻井［1988：528-571］）。

木曾御嶽講の信仰対象は、木曾御嶽の神であるが、講や教会では、御嶽大神など御嶽の神を記した碑や小祠、あるいは塚を造って祀っている。先の三峯講でもそうであるが、参拝講の信仰対象を地区に勧請するということが多くみられ、小祠の成立の一つの要因となっている。

■ 小祠の形態　　小祠とは何かというと実ははっきりせず、文字通り小さな祠ということでしかない。『本邦小祠の研究』を著した岩崎敏夫（1909-2004）も「公の名簿や神社帳にももれ易いような、名もなき民間の祠」としている（岩崎［1984：8］）。小祠は神を祀るために設置されたもので、古くは自然石や樹木などを神の依り代としていた。

関東地方北部にみられる屋敷神のウジガミ（氏神）は、祭日の前に竹を支えに藁を斜めに立てかけ、そのなかに幣束を置く臨時の祭

写真6-2　山の神（埼玉県秩父市）

写真6-3　愛染明王を祀る小祠
　　　　（埼玉県児玉郡神川町）

場であった (牧野 [1982：57-58])。このように祭りの前に祭場を造り替えて神を迎えていたのが、神が常在すると考えられるようになって祠が成立したと考えられている。全国的に広くみられる山の神は小祠として祀られることも多いが、岩石や樹木も神の依り代とされている。樹木はとりわけ三つ叉になった木が山の神の神木として広く信仰されている (堀田 [1966：25-29])。したがって、小祠は地区内の神仏が祀られた場所、聖地として広くとらえて検討する必要がある。その形態にこだわっているとその本質を見逃してしまうおそれがあり、神祠だけではなく小堂や石仏などにも視野を広げることが重要である。

小祠の研究

早くに小祠を取り上げて検討したのは柳田国男であった。柳田は、シャクジなどといわれる石を神に祀る信仰を中心に、数人の研究者と交わした書簡に若干の註を付けて編集し、1910 (明治43) 年に『石神問答』として刊行した (柳田 [1969a：1-161])。さらに柳田は、1947 (昭和22) 年に刊行された『氏神と氏子』のなかで、氏神を分類しその変遷を論じている。氏神は元来、先祖を祀った神であり、現在では村氏神・屋敷氏神・一門氏神に分類できる。そのなかで一門氏神が、さまざまな変化を経る以前の古いかたちであるとしたのである (柳田 [1969b：383-433])。

こうした柳田の見解や祖霊信仰論に影響を受け、小祠の調査や考察が進められた。和歌森太郎は長野県旧東筑摩郡で祝殿と呼ばれる小祠を調査し、祭神として稲荷が多く、田の神や祖霊との関連を示唆した (和歌森 [1972：109-124])。また、堀一郎も同地方の祝殿について調査し、祝殿の祭祀は同族祭祀として発生したとし、祖霊信仰との関連を指摘している (堀 [1951：95-100])。岩崎敏夫は、福島県相馬地方を中心に小祠を網羅的に調べ上げて分類し、その発生や

影響を与えた宗教者などについて言及している。氏神と称される小祠については、本家にあって祖霊を祀るのが本来のあり方だとし、柳田説を踏襲したかたちとなっている。ただ、小祠成立に影響を与えたとする仏教や修験道・神道・巫女などを取り上げ詳細に検討を加えている（岩崎［1984］）。

屋敷神も小祠として祀られる神であるが、これを全国的視野から考究したのが直江廣治（1917-1994）である。直江は屋敷神を、各戸で祀られている各戸屋敷神、本家や本家筋の家にだけ祀られている本家屋敷神、そして本家に属する屋敷神を一族で祀る一門屋敷神に分類している。そのなかで一門屋敷神が最も古く、それが同族結合の崩壊によって本家屋敷神に移行し、さらに家意識の高まりから各戸屋敷神に分化したと考えた（直江［1966：229］）。

長野県の祝殿・祝神(いわいじん)や福井県のニソの杜などのように、地域によって共通した小祠の呼称があり、それぞれその性格について検討され、各地で報告がなされている。そうしたなかで、佐々木勝は、柳田の氏神論・祖霊論を踏襲した小祠信仰の研究は、家を単位とした縦軸的なとらえ方であり、社会的結合を単位とした横軸的なとらえ方が欠如していたとして、地縁祭祀という概念を導入して小祠を考察している。佐々木は小祠の祭祀形態として、個人祭祀・同族祭祀・地域祭祀に分類し、それに先行する形態として地縁祭祀の概念を提唱している（佐々木［1983：1-19］）。

これらの小祠研究では、地域社会のなかでどこに、誰が何のために小祠を祀ったのか、そして祭日や、それを祭祀する集団の種類などが詳細に調査されている。そして小祠が地域社会のなかでどのような意味をもつのか、また社会組織のなかでどのような機能を果たしているかといった研究もある。あるいは地域を拡大して比較し、

同系とされる小祠の性格や歴史を明らかにしていくという見方もみられる。

■ 小祠の地域差

千葉徳爾は、地域性との関連で小祠を考察した。千葉は、松代藩（現・長野県長野市松代町）の小祠について、『松代藩堂宮改帳』を資料とし、地域の諸条件と小祠の形態を論じた。たとえば、山間部では「宮なし」と記載されたものが多く、社殿をもたず、老木や自然石を祀る形態がみられ、祭神も山の神や同族神もしくは屋敷神としての氏神など古くからの神名が多い。また、堂宮の管理は平坦部では神職や修験・僧侶などの専門宗教者であるのに対し、山間部では通常の農民の名が記されるものが大部分を占めていると指摘している（千葉［1976：72-89］）。このように、地域社会の生業や地形などによって小祠の形態や祭神などが異なってくる。

次に、埼玉県の屋敷神の呼称分布から地域差をみてみたい。南東部地域では屋敷神を「イナリ（稲荷）」と呼ぶ地区が広く分布し、北部地域では「ウジガミ（氏神）」が広く分布している（埼玉県教育局［1979：5-6］）。南東部の生業は稲作や畑作が中心であり、北部は畑作と養蚕が盛んであった。南東部地域では稲荷は作神として受容され、屋敷神として広く祀られるようになった。北部地域では、稲荷は主に養蚕神として信仰されたが、地域神として祀られるにとどまり、家レベルの屋敷神までは浸透していない。西部地域の秩父地方でも稲荷は地域神レベルで祀られることが多く、屋敷神の祭神としては八幡が比較的多く祀られている。南東部はそのほとんどが平野部であるのに対し、北部や西部地域は丘陵、盆地、山地が多い。つまり、稲荷という祭神が、地域社会にどのように受容されていったかが、屋敷神や小祠の祭神や呼称の地域差に影響を与えていると考えるこ

とができる。それには地形や生業・交通・宗教者の関与・憑きもの信仰の有無などの要因がそれぞれかかわりあって、小祠や屋敷神の地域差が生じてくると推察できる（牧野［1982：65-68］）。

■ 稲荷と小祠

稲荷社は全国的に分布しているが、特に東日本に多く祀られている。近世の江戸における稲荷社の多さはよく知られており、江戸で多いものとして「伊勢屋、稲荷に犬の糞」といわれた。宮田登は江戸の稲荷を、「稲荷」に冠した名前の性格から信仰の内容を類推し、農業神型・聖地型・土地神型・屋敷神型・憑きもの型の5つに分類した。農業神型は田の神や作神としての性格があり、聖地型は烏森稲荷などのモリといった聖地性をもった名称が含まれているもの、また土地神型は地名が冠された稲荷などで、その地区の地主神的な稲荷、屋敷神型は武家屋敷などに祀られている稲荷、そして憑きもの型は憑きものと関連する人名や狐に関連する名称を冠した稲荷である。そして、農業神型・聖地型・土地神型は、江戸が村落としての性格を強くもっていた前期の段階に表出した稲荷信仰の型であり、屋敷神型と憑きもの型は中期から後期において流行神となって現れた型だと指摘している（宮田［1993：188-212］）。

稲荷社は711（和銅4）年2月初午に、秦氏によって祀られたとされる京都市伏見区に鎮座する伏見稲荷大社を本社とするが、後に狐を神使とし、田の神や狐神、さらには仏教における荼吉尼天とも習合し、農業神や商業神、さらには漁業神としても受容され、その信仰を拡大させていった。その過程で多くの稲荷の小祠が祀られることになったのである。

■ 小祠の性格

西垣晴次は小祠を歴史的に探り、小祠成立の性格について4つを指摘している。第1は、民衆運動

の影響である。民衆運動のなかで、人々の不安を解決するために小祠が祀られた。第2に民間宗教者の関与によって成立したことである。巫者や念仏聖・御師など民間宗教者の関与によって多くの小祠が祀られた。第3は集団性であり、小祠は道祖神などのように、集団としての村を守る存在として祀られたという。そして第4に回帰性を挙げている。過去に小祠として出現した信仰や出現のかたちが、時代を経て再び現れてくる。民衆の間に重層的に存在していた信仰が回帰的に出現すると指摘する（西垣［1976：57-58］）。さまざまな史料を検討し、歴史的に小祠の成立にあたっての性格を浮び上がらせている。

　小祠は神仏が祀られた施設の一つであり、小祠に祀られる神仏によってその性格は異なってくる。稲荷が祀られれば稲荷としての性格をもつことになり、天神ならば学問の神といった性格をもつことが多い。したがって小祠は地域社会内でまず把握されるべきであり、社寺とともに地域社会の民俗信仰を支えている存在である。さらにその小祠の存在を広域において確認し追究していくことにより小祠のもつ信仰の意味を明らかにすることができる。

■ 引用文献

岩崎敏夫　1984年『本邦小祠の研究（新装版）』（岩崎敏夫著作集）名著出版

埼玉県教育局編　1979年『埼玉県民俗地図―民俗文化財緊急分布調査報告書―』埼玉県教育委員会・埼玉県文化財保護協会

櫻井徳太郎　1976年「講」櫻井徳太郎編『信仰伝承』（日本民俗学講座　3）朝倉書店、97-120頁

櫻井徳太郎　1988年『講集団の研究』（櫻井徳太郎著作集　第1巻）吉川弘文館

佐々木勝　1983年『屋敷神の世界―民俗信仰と祖霊―』名著出版

千葉徳爾　1976年『地域と伝承（改訂版）』大明堂
直江廣治　1966年『屋敷神の研究―日本信仰伝承論―』吉川弘文館
西垣晴次　1976年「民間の小祠」櫻井徳太郎編『信仰伝承』（日本民俗学講座　3）朝倉書店、41-64頁
堀田吉雄　1966年『山の神信仰の研究』伊勢民俗学会
堀一郎　1951年『民間信仰』（岩波全書）岩波書店
牧野眞一　1982年「民間信仰の地域差―関東の屋敷神について―」『日本民俗学』第144号、日本民俗学会、56-69頁
牧野眞一　1990年「民間信仰」三郷市史編さん委員会編『高須の民俗』（三郷市史調査報告書　第6集）三郷市企画財政部広報広聴課、41-73頁
牧野眞一　2007年「関東地域における一心・一山系講の展開」『山岳修験』（別冊　日本における山岳信仰と修験道）日本山岳修験学会、75-81頁
宮田登　1993年『山と里の信仰史』吉川弘文館
柳田国男　1969年a「石神問答」『定本柳田國男集（新装版)』第12巻、筑摩書房、1-161頁
柳田国男　1969年b「氏神と氏子」『定本柳田國男集（新装版)』第11巻、筑摩書房、379-519頁
和歌森太郎　1972年『神ごとの中の日本人』弘文堂

■ 参考文献

岩崎敏夫　1984年『本邦小祠の研究（新装版)』（岩崎敏夫著作集）名著出版
櫻井徳太郎　1988年『講集団の研究』（櫻井徳太郎著作集　第1巻）吉川弘文館
宮田登　1993年『山と里の信仰史』吉川弘文館

7 神社祭祀からみた民俗信仰

森　隆男

民俗信仰の宝庫「祭り」　都市部で豊かな緑を残しているところを訪ねると、多くは神社の境内である。鳥居や手水鉢、狛犬、そして社殿などの建造物が、神の鎮座する世界であることを示している。普段は静寂な場であるが、祭礼時には神輿やだんじりを担ぐ人々と彼らを囲む人々の声で喧騒の場となる。農村や山村、漁村においても同様であったが、過疎化や高齢化のため多くの村ではかつてのような祭礼の賑わいは失われている。

宗教として神道が成立するのは平安時代初期とされ（高取［1979：262］）、神仏習合の風潮のなかで仏教に対抗して社殿や儀礼などの整備が行われた。その後、中世から近世にかけて神道に関する諸説が提唱され、近世末期から近代にかけては教祖と教理をもつ教派神道も成立する。また近代以降は、国家神道として推進された政策により神社の格付けと儀礼の画一化が行われた。しかし、長い歴史のなかで神道が明確な教義を完成したというわけではない。特に庶民には神道の教義はほとんど無縁で、神社から想起されるイメージは祭りであろう。

祭りは神と交流する重要な機会と認識されてきた。そして祭りには古い民俗信仰がタイムカプセルのように詰まっており、まさに「民

俗信仰の宝庫」といえよう。本章では神社の祭祀に伴う儀礼を取り上げ、そこに伝承されてきた多様な民俗信仰を探る。

神を迎える準備

神社の祭祀は、神を迎えて饗応し、神と人が交流したあと再び神を送り返す一連の儀礼によって構成される。

伊勢神宮や出雲大社、住吉大社など一部の神社を除くと、常設の社殿が建てられた歴史は比較的新しく、中央の有名な官社でも7世紀後半とされる（三宅［2001：59］）。地方の神社で社殿が建てられるようになるのは、さらに時代が下ってからであろう。それまでは祭りの度に他界から決まった祭場に神が来臨した。社殿に神が常駐するという観念が生じてからは、祭場を「御旅所」と呼ぶようになった。御旅所こそ神と人が最初に出会う記憶されるべき場であった。祭場は聖なる空間として注連縄で区切られ、神が降臨する依り代が立てられる。神が比較的長期間滞在する場合は御仮屋が建てられた。

一方、司祭者には厳重な潔斎が求められた。死や血などにかかわる不浄を避け、一定期間は食事の調理に使用する火を家族とは別にする別火生活を送った。生業に従事する人には厳重な潔斎は大きな負担であり、近世以後は専門の神職にゆだねるところも出てくる。

神の来臨

現在、神輿の渡御は昼間に行われているが、神が来臨するのは夜であった。その状況を見学できるのは平安末期に創始の起源をもつ春日若宮祭である。12月17日の午前0時半、若宮本社を出発した御神体は神職の懐に抱かれ、さらにその周りを常緑樹の枝をもった神職数十人が囲み、約1キロメートル離れた御旅所に向かう。その間、暗闇のなかに響く「オー」という警蹕は、見物する者に神の来臨を実感させるものである。

なお神の来臨に出会うことをタブー視するところもある。西宮神

写真7-1 男児から人形に変わったよりまし
(和歌山県新宮市熊野速玉大社の御船祭)

社の十日エビスでは宵宮(よみや)にあたる1月9日の夜をかつてイゴモリと呼んで、地元の人々は門戸を閉じて家に籠ったという。神の姿が醜いからと説明されているが、本来は神をみること自体が禁じられていたからである(上井[1973:95])。奈良県生駒郡平群町櫟原(へぐりいちはら)の秋祭りでも真夜中に行われる渡御の一行をみると短命になるといい(森[2002:238])、同様の信仰が認められる。これらは神の来臨に際して、人々が忌み籠りをしていた時代があったことを示している。

一方、目にみえない神を視覚で確認するために採用されたのが御幣(ごへい)である。県神社(あがたじんじゃ)(京都府宇治市)の大幣(たいへい)神事では大型の御幣が登場し、町内を巡行する。また宇佐八幡宮の神が子どもの姿で現れたように、神は子どもに依り付くといわれている。この子どもは「よりまし(憑坐)」と呼ばれ、渡御では肩車や馬に乗せられて、地に足をつけない聖なる存在として扱われた。

饗応　来臨した神は、最高の客としてもてなしを受ける。まず神饌(しんせん)による饗応について述べよう。現在の祭りでは生の魚介類や野菜を三方に載せて供えられる。このような未

調理の神饌を「生饌（せいせん）」と呼ぶが、一般化するのは明治以降のことである。それ以前は調理済みの「熟饌（じゅくせん）」が供えられた。最高の材料を最高の味付けで調理するのが本来の神饌であったといえよう（岩井・日和［1981：234］）。直会（なおらい）はこのような最高のご馳走を神と共食し、神と一体化することに意味があった。また、神饌は美しく飾られ、高く盛り付けられる。奈良県五條市東阿田地区では「七つ御膳」と呼ばれ、栗や柿などを刺した竹串を藁製の輪に立てて供えられる。

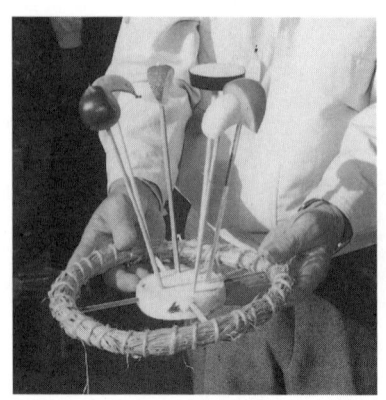

写真7-2　竹串に刺された神饌「七つ御膳」（奈良県五條市）

　1875（明治8）年に政府は原則として生饌にするように通達を出した。さらに1907（明治40）年にも内務省が神饌の内容を統一して生饌にすべきことを指示したが、各地の神社のなかには「特殊神饌」

写真7-3　男女の性器を模したホーヤク祭りの団子（大分県国東市）

と呼ばれる伝統的な神饌が存続した。兵庫県篠山市の「ハモ祭り」や滋賀県大津市の「胡瓜祭り」など、神饌の名前が祭りの名称になることもある。

　大分県国東市のホーヤク祭りでは、神饌として男女の性器を模した団子が作られる。神事のあと境内で村人に配られ、男性は女性の性器を模した団子を、女性は男性の性器を模した団子を食べることになっている。両性の結合により小麦の豊作を祈願する農耕儀礼であろう。

芸能の奉納

　神饌を供えるとともに、神を喜ばせるために芸能が奉納された。各地に伝承されている芸能の多くは、祭祀儀礼のなかで生まれ発展したものといわれている。前出の春日若宮祭では、御仮屋の前に作られた芝舞台の上で舞楽や田楽が演じられる。その際、正面は御仮屋側であり、観客は演者の背後から見学することになる。芸能は神を喜ばすためであるが、愛知県奥三河地方の「花祭り」のように神が鬼の姿で参加する芸能もある。神と人との距離が縮まり、両者の交流する場が創出されているので

写真 7-4　御仮屋の前で奉納される田楽（奈良県奈良市春日若宮祭）

ある。

　また通過儀礼としての側面もある。花祭りでは幼児が演じる「花の舞」、少年が演じる「三つ舞」、青年が演じる「四つ舞」というように肉体と精神の成長に合わせた演目があり、長時間にわたる激しい動きが要求される試練の場でもある（三隅［1979：73］）。このような事例は各地にみられ、祭りで芸能を演じることが、その社会で一人前としての資格を得ることにもなる。

■ 神の意思の確認

　祭りの際、神に人が期待するのは豊穣などの約束である。神の意思を確認するために、しばしば競技のかたちで占いが行われる。長野県飯山市の小菅神社では、毎年7月（現在は3年に1度）、御旅所に2基の柱松(はしらまつ)が立てられる。柱松は杉丸太を芯にしてクヌギなどの柴を蔓で縛った高さ4メートル直径1メートルの大きさで、最上端に杉の枝が差し込まれている。柱松の頂上部で若者が火打ち石を使って火を起こし、柱松への着火の早さを競う。東の柱松の着火が早ければ五穀豊穣、西の柱松が早ければ天下泰平になるという。このほか沖縄県糸満市のハーリーで

写真7-5　小菅神社の柱松神事（長野県飯山市）

は船による競争、奄美地方や九州各地では綱引きが行われるが、いずれも占いの意味があり、勝者の属する集落が豊漁や豊作になるという。

一方、神の声を直接聞く託宣が行われる祭りもある。島根県の大元(おおもと)神楽では祭場に荒神(こうじん)を勧請(かんじょう)し、その前で神歌を歌いながら踊り手が旋回を繰り返す。そのうちに託宣役の人物が次第に神がかりの状態になり、稲作の豊凶や災害などについて託宣をすることになる。ここにはシャーマニズムという宗教の古いかたちをみることができる。

神送り

祭りが終わり神を送る儀礼は、一般的に来臨した時に比べ賑やかな様相を呈する。神と交流したことで人々が精神的に高揚しているからである。神もまた名残を惜しむ。それは神の乗り物である神輿の動きを通して理解できる。岡山県笠岡市小飛島(こびしま)に鎮座する嶋神社の夏祭りは、神輿が「御召船(おめしぶね)」に乗って大飛島(おおびしま)の2か所の御旅所に渡御する漁民の祭礼である。御旅所から御旅所へ移動する際に、さらに本社に還幸する際に、神輿は御旅所の周辺を荒々しく練ったり海中に静止したりして動と静の動

写真7-6　海中で動と静の動きを繰り返す神輿（岡山県笠岡市）

きを繰り返し、「御召船」に乗ろうとしない。静止の時間が半時間に及ぶこともある。担ぎ手たちが創り出す神輿の動きに、別れを惜しむ神と人の心が表現される。

宮座の祭祀と頭屋儀礼

現在は住民であれば氏子として神社の祭りに参加できるところが一般的である。しかし特定の家で構成される組織が祭祀を独占する形態も残存しており、これを宮座と呼ぶ。専門の神職による神事の執行が一般的になるのは比較的新しく、それまでは宮座の長老や、「一年神主」などと呼ばれる当番が担当した。舗設の役割をする人を頭屋（当屋）と呼ぶが、近畿地方の一部には氏神を自宅に招いて一定期間祀るところがあり、この家も頭屋と呼んでいる。このような祭祀のあり方は古い形態を伝承していると思われ、かつての民俗信仰をみることができる。

宮座の組織

宮座に加入できる家は古くから固定している。近世の中頃になると経済力をもった新興の家が加入を要求するようになるが、その場合でも加入を拒絶することが多く、やむなく「新座」を結成したところもある。このような変動期に宮座を正当化する縁起が作成されることもあった。縁起の内容は、神が村に鎮座するに至った経緯とそれにかかわった特定の家について述べたものである（森［1996：351］）。

宮座では家格に関係なく年齢順、厳密には宮座に加入した順に序列が決まる。これを年齢階梯制といい、祭祀の場では絶対的な秩序となる。このうち長老衆が大きな権限をもち、宮座内で組織を形成して儀礼の厳格な執行を指導する。

頭屋儀礼

奈良県には氏神を個人の家に迎えて、1週間から1か月程度祭祀する儀礼がみられる。この間、頭屋は身を清め毎日山海の神饌を供える。村人もこの間は神社ではな

写真7-7　天井から吊り下げられた御仮屋（奈良県奈良市）

く頭屋に祀られている神を拝む。奈良県橿原市膳夫の三柱神社の座祭りでは、宵宮と本祭り当日に「百味の御食」と呼ぶ100種類以上の神饌が頭屋の御仮屋の前に供えられる。この神饌の名称は談山神社の影響を受けたと考えられるが、「百味の御食」が本社での神事には供えられないことに留意すると、頭屋での祭祀が儀礼の中心であったことを読み取ることができる。このような祭祀の形態は前出のように社殿に神が常在すると観念される以前の、祭りの度に他界から神が来臨した段階の古い民俗信仰を伝えるものといえよう。

　迎えた神を祀る場所は家の前庭で、神の依り代の機能をもつ御幣が設置される。この御幣をオハケと呼ぶところが多く、さらにこれを納める屋形のレベルまで発展したものを御仮屋と呼ぶ。この設備は前庭や玄関付近、縁、そして客間と、地域によって設置場所が異なる。これは本来、庭にあった祭場が、住まいのなかに接客機能をもつ部屋が設けられるようになって屋内に移動した結果である（森［1996：314］）。奈良市大柳生では客間の天井から吊り下げられ、村人は庭から縁を通して御仮屋を拝する。

写真 7-8 頭屋の庭に造られたミニチュアの神社（奈良県五條市）

御仮屋

御仮屋の形態は多様である。奈良県五條市の阿田(あだ)地区では、頭屋の庭に高さ約2メートルの社殿のほか鳥居や垣まで造られ、ミニチュアの神社が登場する。一般的には家型やドーム型、単に箱型である場合が多い。共通するのはヒノキの葉などの常緑樹を使用し、これが退色するまでの短期間使用する、あくまでも仮設の施設である点である。また正面以外の三方が壁で囲まれた閉鎖的な構造をもつ点も共通する。奈良市大安寺の事例では長さ約20センチメートルの薦(こも)で作った枕が御仮屋に納められており、小型の御幣がその上に横たえられる。ここには御仮屋の原型が寝室にあるという観念を認めることができるのではなかろうか。春日

写真 7-9　御仮屋内に納められた薦の枕（奈良県奈良市）

若宮祭では黒木の松を柱とし、屋根を松の枝で葺き、三方を土壁とする御仮屋が建てられる。三方を土壁とする点は寝殿造りの塗籠と共通し、ここにも寝室の要素が認められる（森［2002：19］）。

神を送り返すと、儀礼的に御仮屋を直ちに倒したり、焼却したりするなどの処理がなされる。これにより参加者は祭りの終了を視覚的に理解することになる。

よりまし　神が乗り移る「容器」ともいえるよりまし（憑坐）は、男児がつとめる事例が多い。和歌山県新宮市の熊野速玉大社の祭りでは、男児の姿をした人形が馬に乗せられて渡御行列に参加する。よりましをつとめた男児が短命になるという理由で近世から人形を使用するようになったという。頭屋儀礼では、よりましが丁重な扱いを受ける。奈良県奈良市大安寺八幡神社の祭りでは、「頭人子」と呼ばれる幼児が渡御行列や神社での神事の際に御幣と離れることなく行動する。依り代と一体となっており、首にかける呪具や腰につける小型の薦は聖性の象徴であろう。神事の場では正面に神職と並んで座るが、神職がいなかった近世では、最高の位置に単独で座っていた。祭りの参加者はよりましの所作を通

写真7-10　頭屋儀礼に登場するよりまし（奈良県奈良市）

して目にみえない神の存在や意思を認識したのである。次節で取り上げる諏訪大社の「大祝（おおほうり）」や「神使（こうづかい）」もよりましである。

「特殊神事」に残る民俗信仰

近代に入って国家神道が推進され、有名な神社の祭りから村の神社の祭りまで画一化が進んだ。しかし、長い間に培われた儀礼が一掃されることはなく「特殊神事」の名称で存続した。特殊神事には地域に残る根強い民俗信仰が反映しており、かつての神と人の関係を示す貴重な情報といえる。

1924（大正13）年度に全国の有名神社を対象に実施した特殊神事に関する調査と、その後の補足調査をまとめた結果が刊行されている（神祇院編［1988］）。ここでは長野県の諏訪大社の特殊神事「御頭祭（おんとうさい）」を取り上げ、信濃地方で展開された狩猟の要素を濃厚に残した農耕儀礼を紹介しよう。

御頭祭の概要

諏訪大社は出雲系の神を祭神とし、寅年と申年に樅（もみ）の大木を境内の四隅に立てる「御柱神事（おんばしら）」が有名であるが、大社を構成する上社の前宮（まえみや）で、毎年4月15日（古くは3月酉の日）に行われる「御頭祭」は諏訪大社の祭礼のなかで最も重要である。

儀礼は上社の本宮を出た神輿と行列が前宮に神幸し、十間廊（じっけんろう）と呼ばれる建物で神事を執行したあと還幸するものであるが、注目したいのは神饌である。鹿の頭75頭分をまな板に載せて供える。なかには血の滴（したた）るものもあったという。そのなかに必ず耳が裂けた頭が含まれており、「諏訪の七不思議」の一つといわれた。そのほか猪や鹿の肉、白兎、白鷺なども供えられた。これらの神饌は頭郷と呼ぶ16か村が担当する。また、その年の頭村から「神使」と呼ぶ15歳以下の少年1人が選ばれ、30日間の潔斎を経て祭礼の当日、流（や）

鏑馬（ぶさめ）の神事を行う（神祇院編［1988：321-322］）。

神使

中世の史料によると正月の元旦の夜、占いによって少年6人の神使が決定された。彼らは諏訪大社の最高位の神職「大祝」の代理として1年間の神事に奉仕する。2月上旬に前宮付近に精進小屋を建て、神使は従者とともに1か月間の物忌の生活を送った。精進小屋にはこの地方の精霊的な性格を備えた土地の神「御左口神（みさぐち）」を勧請して、食べ物や酒を献じて祀った。御左口神は中世の前宮の祭神であった。厳重な精進のあと1か月後に御左口神を送り、小屋が取り壊される。

3月酉の日の御頭祭が終わると、神使は2人ずつ3組に分かれて信濃の各地を巡回する。その際、大祝に次ぐ神職である「神長（じんちょう）」から榊で作った杖と首にかける鈴を授けられた。

神使を迎えた村々では、彼を「廻神（めぐりがみ）」と称して拝した。神使は豊作をもたらすために具体的な姿を現した神そのものである。このあと村々では農作業に着手した。近世になると神使は1人になり、精進小屋も村のなかに建てられて儀礼も簡略化される。さらに近代以降は大きく衰退した。

大祝

諏訪大社の最高位の神職「大祝」は、少年の間だけ在位した。中世の史料によると毎年、12月下旬から2か月間、「御室」と呼ばれる、大地に直接屋根を葺き下ろした竪穴式の御仮屋に籠る。御室には前出の御左口神と「そそう神」の二神が勧請された。そそう神は蛇体で、実際に大祝は作り物の蛇体と一緒に籠る儀礼を行っていたようである。御左口神は前述のように精霊的な性格をもった土地の神であり、土地の神を象徴する蛇体の神とともに籠ることで、大祝は土地の神の霊力を身に付けたと考えられる。

また12月の晦日には御室内で男性神と女性神による性的な所作が行われたといわれている（宮地［1985：676］）。民俗行事にも年頭に夫婦が性的な所作をする儀礼が報告されており、農耕の予祝儀礼と解釈されている。

御頭祭にみる民俗信仰

　近世になると大祝の職掌は残ったが、神使との混乱が生じた。少年の大祝とやはり少年の神使が御仮屋に籠り、ともに御左口神を祀ったように、両者は御左口神のよりましであった。すなわち神使は大祝の分身であり、本来は大祝が神として巡回すべきところを神使が代理となったのである。近世の混乱は当然であったといえよう。

　以上のように御頭祭は農耕に取りかかるにあたり、土地の神の化身である少年を迎えて祀る農耕儀礼であった。ただし鹿や猪などの肉が主要な神饌とされたように、狩猟の信仰が濃厚に混在している。本章では取り上げなかったが、諏訪大社には元旦の蛙狩（かわずがり）神事や7月27日（現在は8月27日）の御射山（みさやま）神事など狩猟にかかわる重要な儀礼があり、古い狩猟社会の痕跡が認められる。

精神文化の総体としての神社

　出雲大社では遷宮を機会に、2008（平成20）年の春から夏にかけて約60年ぶりに本殿の内部が公開された。特に天井に描かれた絵画をみるために連日多くの人が詰めかけ、私も学生たちとそのうちの一人になった。神が天上の世界と結び付いているとする観念が、鮮やかな色彩の雲によって表現されている。また神座と最高位の神職である国造（こくぞう）が着座する場が他の神職が座る場より一段高い。さらに三方を板壁で囲まれた神座が出入り口からみた時最も奥に位置することになり、儀礼の際に神と国造、他の神職の序列が本殿内の空間において顕在化する構造であることを知った。松江市の八重垣（やえがき）神社の本殿も出雲大社とほ

ぼ同じ平面である。神座の正面の壁面には日本最古といわれる主神スサノオノミコトが、左右の壁面には稲田姫(いなだひめ)などの神々の姿が描かれている。

　伝統的な間取りの住まいにおいて、一段高くなった床の間や、客間での座席の位置が序列を反映している。また、三方を壁で囲まれた構造は頭屋儀礼の御仮屋、さらには寝室とも共通する。また本章で取り上げたように、祭りを構成する一連の儀礼の至るところに多様な民俗信仰が認められる。断片的な民俗信仰が祭りのかたちをとって体系化されているともいえよう。このように特別な空間・特別な時間と考えがちな神社の建造物とそこで展開される祭りは、私たちにとって身近な文化といえる。樹木に覆われた境内と社殿、初詣や祭りなどの際に顕在化する神と人の関係に注目する時、神社は精神文化の総体といっても過言ではなかろう。

　都市部への人口の集中が指摘されて久しい。その都市部で、今なお豊かな緑の環境を残しているのが神社である。文化財である社殿や祭りはもちろん後世に伝えていかなければならないが、神社の境内を祭りの時だけではなく日常的に人々が交流できる場として活用すべきであろう。神社を核とした自然と文化を保存しさらに活用していくことは、私たちのアイデンティティを創り出す民俗信仰を伝承することにもつながるからである。

■ 引用文献

岩井宏実・日和祐樹　1981年『神饌―神と人との饗宴―』同朋社出版

上井久義　1973年『民俗社会人類学』創元社

神祇院編、近藤喜博監修　1988年『官国幣社特殊神事調（増補版）』国書刊行会

高取正男　1979年『神道の成立』平凡社
三隅治雄　1979年『祭りと神々の世界―日本演劇の源流―』日本放送出版協会
三宅和朗　2001年『古代の神社と祭り』吉川弘文館
宮地直一　1985年『諏訪神社の研究（下）』（宮地直一論集　第2巻）蒼洋社
森隆男　1996年『住居空間の祭祀と儀礼』岩田書院
森隆男　2002年「住まいと儀礼」日本生活学会編『住まいの100年』ドメス出版、233-256頁

■ 参考文献
薗田稔編　1988年『神道―日本の民族宗教―』弘文堂
東條寛　2006年『都市祭礼の民俗学―四日市祭の歴史と民俗―』岩田書院
森隆男編　2002年『民俗儀礼の世界』清文堂
柳田国男　1942年「日本の祭」『柳田國男全集』第10巻、筑摩書房、1969年　所収、153-314頁

8 仏教と民俗信仰

蒲池勢至

仏教と民衆生活　日本の仏教は、人々の生活と深く結び付いて展開してきた。どのように結び付いているのか、仏壇を例にしてみてみよう。

多くの家では、デイ（出居）とかザシキ（座敷）と呼ばれる部屋の一角に仏壇を安置して信仰してきた。仏壇には、本尊を祀る宮殿や須弥壇などに立派な細工や金箔を施したきらびやかなものから、紫檀・黒檀などの唐木仏壇、あるいは小さな箱仏壇までいろいろある。大きさや材質・荘厳の程度は違っていても、仏壇とは本来信仰する仏を本尊として祭祀する壇のことである。ところが、私たちはわが家の仏壇にどんな仏が祀られているのか知らない場合が多い。日本の仏教は宗派仏教であるので、浄土宗や真宗は阿弥陀如来、曹洞宗や臨済宗は釈迦如来、天台宗や真言宗は大日如来、日蓮宗は大曼陀羅などとなるが、朝夕お参りしながらも本尊には無頓着であった、といってよいだろう。仏壇のなかには、父母や祖父母をはじめ死者の戒名（法名）を記した位牌や遺骨が安置されていて、むしろこちらのほうを拝んできたのであった。先祖の位牌だけでなく、時には水子供養の位牌、各種御札類があり、現代ではペットの写真や位牌までも祀られるようになっているという。仏教からいえば、「仏」

とは「覚者（覚った者）」のことであるが、日本人の「仏」はホトケ＝死者のことを意味して、仏壇も死者祭祀・先祖祭祀の対象として信仰されてきたのである。各地で月参り・月経（つきぎょう）・常飯（じょうはん）・常斎（じょうとき）・お逮夜（たいや）参りなどと呼ばれる檀那寺（だんなでら）による毎月のお経、あるいは年忌（ねんき）法事なども、生者が死者や先祖を祀る信仰儀礼ということになる。春秋の彼岸になれば彼岸団子を供え、盆になれば先祖の位牌を取り出して盆棚を設け、三度三度の食事を供えたりしてオショロサン（お精霊）を祀ってきた。

このように、日本の仏教は祖先崇拝と不可分に結び付き、民衆生活のなかに浸透し定着してきた。しかし、そうはいっても仏教の信仰や行事がすべて祖先崇拝に換骨奪胎されてしまった、ということではない。仏壇の前では村の講行事が開かれたり、人々は寺院の法会（ほうえ）に参詣したりして檀那寺と一定の関係を保ち、地域共同体での信仰生活と民俗を形成してきたのである。

民俗と仏教の関係

民俗と仏教の関係はどうなっているのであろうか。これは「民俗」をどうとらえるのか、ということでもある。

柳田国男は「行器考（ほかいこう）」という論文や『先祖の話』のなかで、ホトケの語源はホトキであって、「本来はホトキという器物に食饌（しょくせん）を入れて祭る霊ということで、すなわち中世民間の盆の行事から始まったのではないか」と述べている（柳田［1975］、［1990a］）。これに対して、有賀喜左衛門（あるがきざえもん）（1897-1979）は仏をホトケと訓（よ）むことは奈良時代以前からのことであろうと反論した（有賀［1981：5-98］）。柳田は盆に祖霊が帰ってくるのは日本人の固有信仰であり、ホトケの呼称も仏教とは別にあったと主張したかったのであろう。ホトケの語源はともかく、中世までは確かに「盆」ではなく「瓮」（ホン・ボン・ほとぎ）

という漢字が使われている。寺院では法会としての盂蘭盆会（うらぼんえ）が行われており、これに食物を入れた器を送付して供えることが民間の「拝瓫」行事であった（田中［1978：197-235］）。墓参まで含めて、今日みるような民俗としての盆行事が成立するのは近世以降である。盆行事一つをとってみても、歴史のなかで仏教が民俗化し、民間の民俗が仏教化するなかで形成されたきたことがわかる。仏教からみれば、民俗と習合することによって民衆のなかに浸透・定着したのであり、民俗からみれば仏教と習合することによって祖霊信仰が儀礼化されてきたのであった。

　柳田国男は仏教嫌いであったといわれているが、仏教と民俗、民俗と仏教の課題は「仏教民俗（学）」として堀一郎・五来重・竹田聴洲（1916-1980）・櫻井徳太郎・藤井正雄などによって研究が進展し体系化されてきた。このうち、五来重は積極的に仏教民俗学を提唱して、研究対象も提示した（五来［1979：260、285-286］）。柳田の影響を受けて「民俗にもとづく基層文化」としての日本仏教を問題とし、「庶民仏教」という用語を用いて究明している。竹田聴洲も同じように柳田の影響から祖先崇拝を歴史的に基層文化ととらえて、日本仏教を「民俗仏教」と表現していた（竹田［1971］）。五来や竹田は、どちらかといえば仏教あるいは歴史学から民俗にアプローチした研究方法であった。民俗学から仏教を考えようとする時、「仏教の民俗化」「民俗の仏教化」という習合論を超えて、人々の生活と結び付いた仏教の儀礼や信仰そのものがすでに民俗である、という視点が必要であろう。現行民俗のなかに仏教のあり方や信仰を問い、仏教を通して民俗を問い返すことである。

村の寺院と寺檀関係

　家のなかに仏壇があるように、村のなかには寺院がある。地域によっては寺院の

ない村もあるが、それでも各家は村外にある寺院の檀家になっていて、寺檀関係を結んでいる。では、村の寺院はいつ成立し、どのように人々の生活とかかわり、信仰民俗を形成してきたのであろうか。一つの村の寺檀関係を詳しく調べることによって、村の民俗的性格や寺院と人々の信仰的結び付きを知ることができる。以下では、愛知県安城市東尾の調査事例を取り上げてみていくこととしたい（蒲池［2000］）。

表8-1は愛知県安城市東尾の寺檀関係を整理したものであり、図8-1は真宗門徒の寺檀関係を地図上に示したものである。東尾は矢作川流域の平野部に形成され、戸数150ほどの村である。たいへん複雑な寺檀関係になっており、真宗・浄土宗・禅宗（曹洞宗）の9か寺が寺檀関係をもっている。明法寺は東尾の寺院ではなく西尾（安城町西尾）に属する寺院であるが、東尾と西尾の境界に位置していて、東尾にとって実質的には村の寺院といってよく、深く東尾の信仰民俗とかかわっている。しかし、村内には明法寺門徒が多いものの、上宮寺や本證寺門徒が入り交じっている。上宮寺と本證寺は、勝鬘寺（岡崎市針崎）とともに「三河三か寺」といわれる中世以来の有力寺院である。村のなかではイットウということがいわれ、「Y姓

表8-1　愛知県安城市東尾の寺檀関係

明法寺	安城市安城町拝木	真宗大谷派	Uイットウ・N・S K・Z姓他
本證寺	安城市野寺町野寺	真宗大谷派	Iイットウ4戸
興証寺	安城市安城町名広	真宗興正派	Iイットウ
上宮寺	岡崎市上佐々木町	真宗大谷派	Yイットウ18戸・O姓3戸
願力寺	安城市古井町塚越	真宗大谷派	D姓5戸
正法寺	岡崎市東本郷町	真宗大谷派	G姓5戸
大乗寺	安城市安城町赤塚	浄土宗	R姓・A姓
保福寺	安城市古井町金蔵塚	曹洞宗	K姓7戸
蓮華寺	岡崎市西本郷町	曹洞宗	Mイットウ7戸・A姓3戸

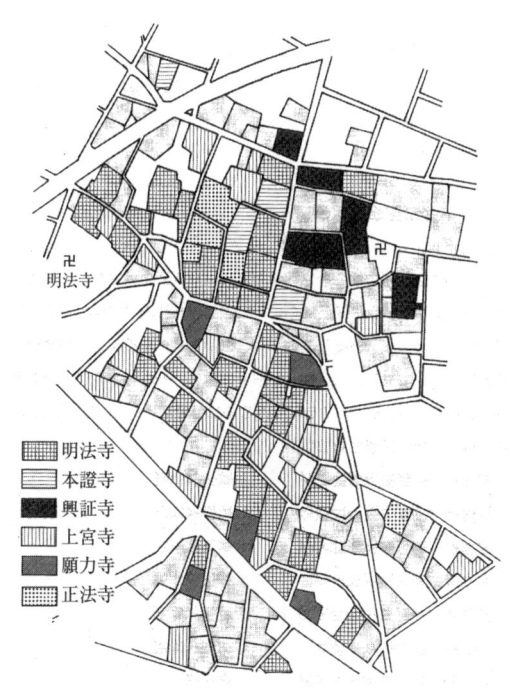

図8-1　愛知県安城市東尾の寺檀関係（真宗寺院関係）
出典：蒲池［2000］

は全部上宮寺門徒」といわれる。事実、村内の上宮寺と寺檀関係にある家々を調べると、確認し得たY姓18戸はすべて上宮寺門徒であり、その他はO姓の家が3戸であった。同じように本證寺と寺檀関係にある家はI姓4戸で、興証寺と寺檀関係にあるI姓の家も、もともとは本證寺門徒であった。このようにみてみると、願力寺の門徒はD姓5戸、正法寺門徒はG姓5戸となる。村の寺院である明法寺門徒は、U・N・S・K・Z姓の家が多い。一方、真宗以外では、やはり東尾に隣接して位置する大乗寺檀家が散在し、R・A姓が目立つ。そして、禅宗の蓮華寺檀家はM姓の7戸とA姓3戸、保福

8　仏教と民俗信仰

寺檀家はK姓7戸である。東尾においては、同姓の家がすべてイットウと呼ばれているわけではないが、Yイットウ・Uイットウ・Mイットウなどと呼ばれている。東尾の寺檀関係を村全体でながめた時、真宗門徒と浄土・禅宗檀家の入り交じった村とみることができよう。しかし、村の中心部には明法寺・本證寺・上宮寺門徒の家々があり、全体としては真宗門徒の村としての性格を強くもっている。

イットウとは三河地方にみられる同族集団のことであるが、どうして寺檀関係がイットウ単位になっているのだろうか。その理由は、近世における村や寺院の成立といった問題がかかわっていたからである。東尾の複雑な寺檀関係がどのように形成されたのかについては、明法寺が所蔵している法物によって判明する。全国の真宗寺院には、必ず木仏本尊、親鸞絵像、蓮如絵像、聖徳太子絵像、七高僧絵像が安置されており、加えて木仏本尊以前の阿弥陀如来絵像（方便法身尊像）や六字・九字・十字名号などが伝来している。こうした軸類には、本山本願寺から下付された年次を記す「裏書」があるので、寺院としての成立や村の成立などを知ることができる。明法寺には六字名号、十字名号、正信偈文、方便法身尊像、親鸞絵像、蓮如絵像、太子・七高僧絵像などの軸類が伝来していた。このうち、阿弥陀如来絵像には「方便法身尊像／大谷本願寺釈実如（花押）／文亀元年辛酉四月十一日／野寺本證寺門徒／三川国幡豆郡／志貴荘安城郷／願主釈正順」、蓮如絵像には「蓮如上人真影／本願寺釈宣如（花押）／元和六庚申稔十月廿日／本證寺下三州碧海郡／四季庄安城村／願主釈正善」、親鸞絵像には「親鸞聖人御影／大谷本願寺釈宣如（花押）／寛永三丙寅暦□鐘十六日／野寺本證寺門徒参州／碧海郡安城村明法寺／常住物也／願主　釈正善／寄進　釈□誓」と記されていた。

こうした裏書から、明法寺は文亀元 (1501) 年には方便法身尊像を本尊として、現在地に「野寺本證寺門徒」として道場を構えていたことが判明する。六字名号や十字名号は道場本尊の脇掛けとして祭祀されたものであろう。木仏本尊下付や寺号免許の文書は不明であったが、この道場が近世寺院「明法寺」として成立したのは、蓮如絵像が下付された元和 6 (1620) 年頃であろう。そして、親鸞絵像を寛永 3 (1626) 年、太子・七高僧絵像を寛文 9 (1669) 年に下付されて、いわゆる五尊仏を完備し、それに伴って本堂などの建物が整備されていったのである。

　近世寺院として成立するということは、本尊が方便法身尊像から木仏本尊へ変化し、道場形態から寺院化することだけではない。裏書の住所表記をみると文亀元年に「三川国幡豆郡志貴荘安城郷」とあったものが、元和 6 年には「三州碧海郡四季庄安城村」、寛永 3 年には「参州碧海郡安城村」とある。すなわち、中世的な「志貴荘安城郷」から近世的な「碧海郡安城村」へと「村が成立」することであり、寺院もその村に組み込まれて深くかかわったことを意味している。「本證寺門徒」の道場坊主としてあったものが、明法寺として独立し、近世安城村（東尾・西尾）の門徒と新たな寺檀関係を形成したのであろう。

　近世寺院としての明法寺の成立と、これに並行した近世村としての安城村成立をみる時、東尾の寺檀関係およびイットウはどうなるのか。図8-1にみられる上宮寺門徒や本證寺門徒の家が、元和・寛永期 (1615-1644年) もしくは寛文 (1661-1673年) 期に進行した寺檀関係形成の時期に上宮寺や本證寺と新たに寺檀関係をもったとは考えられない。当然、明法寺が本證寺の道場であった頃からの手次(寺檀)関係とみるほうが順当であり、明法寺が村内に寺檀関係を形成して

いった時、明法寺門徒にならなかったのであろう。

　本證寺門徒であるIイットウのある家は「安城草分十六軒の一つ」といわれ、「分家に分家が生じて十数軒に分かれている」という。毎年３月の彼岸に「先祖のお経」といって、イットウに属する18戸が集まって法要を営んでいる。明法寺門徒のUイットウは、村外に出たものまで含めて65軒になっているが、毎年５月に集まって先祖の法要をつとめている。イットウとは、系譜関係が現在不明になっているが、基本的には本家・分家の集団であり、本家のなかには村の草分けとして開発先祖的性格をもっているものもあるととらえられよう。そして、そうしたイットウの性格は変化しながらも現在の寺檀関係のなかに色濃く反映されているのであった。東尾は、真宗門徒であったIイットウ・Yイットウ・Uイットウなどによって開発され、これにMイットウなどの禅宗檀家や浄土宗の檀家の家々が遅れて加わり成立したと推定できよう。

　村の中には講組（こうぐみ）という信仰集団がある。地域によって異なるが、地縁的な村組単位の講組織、村組とは別組織の講（イットウ単位・檀那寺単位・宗派単位・家格単位）といった編成原理で形成されている。東尾の場合は、イットウ単位で檀那寺と結び付いていたが、村寺である明法寺との関係では、寺檀関係ではなく地縁的な村組が講の機能をもっている。明法寺の寺役は明法寺門徒だけでなく、本證寺や上宮寺門徒であっても負うことになっている。在家報恩講は寺檀関係に関係なく村組単位で明法寺住職によって行われ、かつては村寺に対してお初穂（はつほ）や麦初穂、報恩講志として米一升が徴収されていた。一つの村のなかでも、報恩講は講組（村組）―村寺―檀那寺と重層的に何回も行われてきた。

　このように寺檀関係を通して、村や地域のなかで寺院がどのよう

に成立し、村人と結び付いて信仰儀礼が行われてきたのか調べることができる。門徒の村の場合は、真宗寺院が所蔵する法物類の調査をすることが民俗にとって有効であり、ごく普通の村の歴史や民俗を遡及する手がかりを教えてくれる。禅宗の村、日蓮宗の村、あるいは真言・天台の村であっても、寺院には成立にかかわる縁起伝承や記録が残されているので、こうした文字史料と現行民俗の伝承資料を総合して、村の歴史と民俗を追究することができるであろう。

　寺檀関係については、民俗学がこれまで究明しようとしてきた問題に複檀家（ふくだんか）、あるいは半檀家（はんだんか）と呼ばれるものがある。複檀家とは一家が複数の檀那寺をもっている寺檀関係のことで、現行民俗のなかには男性と女性が別々に「男寺」「女寺」などといって檀那寺を固定的に有している形態が残っている。通常の寺檀関係が「寺と家」を基本とした「一家一寺」の制度であるのに対して、複檀家は「寺と檀那（個人）」の関係で「一家複数寺的寺檀関係」である。宗門改帳（しゅうもんあらためちょう）によると、夫婦の檀那寺は別であるが子どもの檀那寺は男女とも父親に帰属するもの、夫婦別で男子は父親の寺・女子は母親の寺に帰属することになっていたものもあった。福田アジオは、こうしたさまざまな寺檀関係について、「父子関係のみを強調する『家』のみが日本の家ではなく、それとは異なる父親・男子の関係と母親・女子の関係を並行的に認める家をも存在させてきた」と述べている（福田［1988］、［1992］）。近世初期の寺檀関係形成時期には、権力によって一方的に寺檀関係が制度化されたのではなく、在地において個別的に形成された寺檀関係があって、個人の意思や男女による多様な寺檀関係形成・家形成の可能性があったことを示している。複檀家の問題は歴史学からも研究されているが（大桑［1979：37-96］、［1986］）、どうして一家のなかに複数の寺院が檀那寺となる

8　仏教と民俗信仰

ような形態が現れたのか、また今日まで伝承されてきたのか、という明確な理由は結論付けられていない。

一つの村の調査からでも、民俗と仏教の問題を考えることができる。その時、寺院、家、仏壇、寺檀関係、講、仏堂、葬送儀礼、墓制などが重要な結節点となる。

仏教行事と民俗　仏教行事には、修正会・修二会、彼岸会、灌仏会、盂蘭盆会、地蔵盆、初弘法と元三初大師、聖霊会、お会式、大師講、報恩講、蓮如忌、御忌、道元忌、十夜講と十夜法要、虚空蔵信仰と十三参り、百万遍などが挙げられる。こうした行事は、真宗の報恩講や蓮如忌、日蓮宗のお会式、浄土宗の御忌（法然の忌日法要）、曹洞宗の道元忌のように、各宗派の祖師信仰や高僧にかかわる行事と、修正会・修二会、彼岸会、灌仏会、盂蘭盆会、地蔵盆のように通仏教的な行事とに大きく分けることができる。それぞれの行事は、仏教や宗派ごとに意味付けがなされているが、民俗学からは、仏教行事とされるもののなかに日本人の民俗信仰が習合して伝承されてきた、という研究がなされてきた。

盆行事については少し前述したが、4月8日に行われる釈迦誕生会の灌仏会も、卯月八日といって山などから花をとってきて供える民間行事と習合してきたという。山に入って花を手折り降りてくることは、春山入りの行事であり、農耕を開始する時期になって神霊を山の神の花であるツツジやシャクナゲに付着させて家へ迎え降ろすことであった。東日本には卯月八日を山の神の祭日、霊山の山開きとするところが多く、西日本にはテントウバナの習俗が多い。仏教の4月8日という特定日に、民間習俗であった春山入り、山遊び、花立て、山開きが吸引されて成立したと考えられる（伊藤［1986］、五来［1982：59-67］）。北陸地方の蓮如忌なども、春の山遊び習俗を土

壌にして広まり、報恩講には秋の収穫儀礼的意味が込められていたととらえられた。浄土宗の十夜法要も民俗的には収穫儀礼となる。

仏教行事を個別に取り上げて民俗的に再解釈し意味付けすることは、仏教と民俗の関係を考える一つの方法であるが、行事そのものが村や地域のなかでどのように伝承されてきたのか考える視点も必要である。滋賀県の湖北地方に集中してみられるオコナイ行事でみてみよう。

「おこない」とは僧侶が仏道を修行することである。東大寺二月堂の修二会（お水取り）は有名であり、十一面観音菩薩に罪を懺悔して修行する悔過法要である。一方、湖北などのオコナイは、民間の修正会・修二会ともいうべきもので、村という共同体が主体の仏教行事である。滋賀県伊香郡木之本町杉野のオコナイは、毎年2月に行われている。当屋制度によって行事は維持されており、祭日午後から当屋宅での餅つき行事、翌日未明に餅と花（造り花）を阿弥陀堂に供える壇供、そして午後から新当屋を決める祝詞という儀式から構成されていた。行事の中心は、花（桜）と餅を仏堂の本尊に

写真8-1　オコナイ（滋賀県伊香郡木之本町杉野）

8　仏教と民俗信仰

供えることにある。花の花弁は毎年少しずつ開花させるように造り、その年の豊饒を祈る予祝的意味がある。餅は阿弥陀堂への供物であるが、年頭における魂の更新であり仏からの賜りものという意味がある。花と餅の飾られた当屋宅の床の間は、神聖な場所であった。夜明け前の5時、高張提灯2名、御酒鈴2名、餅1名、花樽1名、花1名、笛2名、太鼓2名、鉦2名、合計13名の行列で阿弥陀堂へのお上りが始まる。5時20分、阿弥陀堂に入って餅と花が供えられると、村人は松明を片手にもって「阿弥陀の前で……」と唱えながら堂内を回り出し、時々激しくぶつかり合う。5時37分、煙の立ちこめるなか、人々は回ることを止めると、次々に本尊に合掌して帰宅していった。阿弥陀堂の本尊は坐像の阿弥陀如来、両脇士に観音と勢至菩薩が並んでいる。さらにその脇には、不動明王、毘沙門天、狛犬、十六善神などが安置されていた。堂の外には十一面観音も祀られている。この阿弥陀堂がいつからあったのかわからないが、本尊前の位牌には「当庵開基珠峯光公和蔵禅師」と刻まれていた。十六善神の軸は、1年間杉野の各家を巡行していて、このオコナイの日に阿弥陀堂に戻り祀られるのだという。

ところで、このオコナイの行事を伝承している杉野の人々は、現在、真宗門徒である。湖北地方の村々でオコナイは行われているが、やはり村人はほとんどが真宗門徒といってよいだろう。この地域は、湖北門徒と称せられるほどの門徒地帯である。また、明治初期まで柳田国男が書いた「毛坊主考」のような、毛坊主道場が多く残っていた（森岡［1986］）。かつての道場本尊であった阿弥陀如来絵像を調査すると、1500年代から1600年初期の裏書をもつものをごく普通にみることができる。リンジュウブツ（臨終仏）といって、葬儀に今でも使用されている（蒲池［2003］）。このように、オコナイを伝承

している村は門徒の村であり、村人は真宗門徒なのである。しかし、オコナイの行事は真宗の行事ではない。どういうことなのであろうか。実は、オコナイの行事は真宗信仰が湖北に進出する以前にあった、己高山(こだかみやま)信仰にかかわる旧仏教寺院の行事を継承し伝えてきたのである（中澤［1995：7-46］）。もちろん、行事そのものも変容したであろう。おそらく1500年代に新旧の大きな宗教交替が地域のなかで行われ、それでも村が主体になって行事や仏堂に安置する仏像を守り伝えてきたのである。現在の真宗門徒である村人にとっては、真宗以外の信仰をも内包することになり、それは矛盾でもあるが、オコナイは民俗仏教としての行事であり、民俗信仰そのものの姿といえよう。

仏教と民俗芸能

仏教芸能として五来重は、次のように分類して挙げている（五来［1979：260、285-286］）。

◎顕教(けんきょう)系芸能：延年・声明(しょうみょう)・和讃(わさん)・祭文・説教・懺法(せんぼう)・仏の舞・放下(ほうか)・暮露(ぼろ)など

◎密教系芸能：呪師(しゅし)・呪師芸・鬼走・法印神楽(ほういんかぐら)・湯立(ゆだて)・棒振・太刀振など

◎浄土教系芸能：融通念仏・大念仏・踊念仏・念仏踊・念仏狂言・六斎(ろくさい)念仏・歌念仏・念仏風流（剣舞い・鹿(しし)踊り・かけ踊・放下踊・獅子舞・浮立など）・念仏行道など

◎芸能僧：遊僧・呪師・空也僧・盲僧(もうそう)・田楽法師・願人坊(がんにんぼう)・道心(どうしん)坊(ぼう)・放下僧・暮露など

民俗から「庶民仏教史」を明らかにしようとした五来にとって、どれも興味深い対象であった。以下、念仏踊りについて、これまで述べてきたように地域における民俗と仏教の関係という観点から、愛知県奥三河のものを事例にみてみよう。

念仏踊りは、全国各地に多様な姿で伝承されている。愛知県では東三河地方に集中しており、1960年代の調査報告をみると渥美半島から奥三河の豊根村まで107か所で伝承されていた（伊藤［1966］）。「念仏踊り」といっても呼称はさまざまで、「大念仏」「ほうか」「夜念仏・大念仏」「はねこみ」「大念仏・はね踊」「念仏踊り・はねこみ」「はねこみ・掛け踊り」などと呼ばれていた。現在は30か所ほどになってしまい、盆の行事として行われている。このなかで、北設楽郡設楽町田峯のものは奥三河における念仏踊りの代表としてよく知られ、初盆供養として民家で行われている。また村の中心である観音堂でも8月17日に踊られる。初盆の家には百八松明が入口に点され、そのなかを弓張提灯をもった区長と保存会長を「先立」にして、先灯籠（切子灯籠）・8人の念仏衆（締太鼓を持ち、衣装は浴衣に笠、下駄履き）・笛・太鼓、鉦、後灯籠と続く。行事の構成は、「道行き」「掛け庭」「掛け庭念仏」（接待）（供養の手踊り）「礼念仏」「引き庭」「道行き」という順番である。この全体を一般的には「念仏踊り」と称しているが、東栄町や豊根村などでは「はねこみ（跳ね込み）」と呼

写真8-2　念仏踊り（愛知県北設楽郡設楽町田峯）

んでいるところが多い。田峯でも「はね踊り」であった。行事次第のなかで、「掛け庭」や「引き庭」では8人の念仏衆が片袖を脱ぎ、左手に締太鼓の紐を握り、右手にもった桴で力強く叩きながら輪になって跳ねるのである。念仏踊りの最も華やかで賑やかな場面といってよいだろう。しかし、これは太鼓踊りであって、中心はこの後に行われる「掛け庭念仏」であり、四遍という盆念仏である。この念仏は非常に難しい念仏とされ、次のような内容である（竹下・熊谷［1952：11-12］）。

1	調子引き	一番切れ、出し	南無阿弥陀仏	四遍
2	かは	一番切れ、出し	同	同
3	調子引き	二番切れ、出し	南無阿弥陀仏	四遍
4	かは	二番切れ、出し	同	同
5	盆念仏和讃		合掌	
6	調子引き	成願寺、出し	南無阿弥陀仏	二遍
7	かは	成願寺、出し	同	同
8	調子引き	盆念仏和讃のくどき＝後に南無阿弥陀仏		十遍
9	かは	成願寺	南無阿弥陀仏	二遍
10	調子引き	成願寺	同	七遍
11	調子引き	願以此功徳 かは 平等施一切同発菩提心往生安楽国		

つまり、奥三河の念仏踊りは「念仏」に「太鼓踊り」が結び付いて成立した念仏芸能であった。愛知県新城市北部に、背に大団扇、腹に太鼓をつけて念仏と風流唄に合わせて踊る盆の放下踊りが分布している。これも念仏に太鼓踊りと風流化した大団扇が結び付いて民俗芸能化したものである（鬼頭［2005］）。こうした風流化した念仏踊りに対して、「夜念仏」という念仏行事があった。今は、愛知県豊田市綾渡だけになってしまったが、村の平勝寺境内で8月10日と15日に行われている。極楽絵が描かれた折子灯籠、香炉を両

手で捧げた香焚(こうたき)、音頭が2人、そしてガワ（鉦と撞木(しゅもく)で念仏を唱える)、最後に地獄絵の折子灯籠と行列を組んで、静かに歌うような念仏を唱えて回る。家ごとに行われる初盆の供養にも出かけていた。念仏が太鼓踊りと結び付いたり、風流化する以前の姿と考えられる。

「仏教と民俗」の関係のなかで、念仏ほど民俗化して全国各地に浸透したものはないであろう。奥三河では民俗芸能としての念仏とは別に、村の組単位で唱える盆の念仏、疫病除けなどの百万遍念仏、寒中の四十八夜(しじゅうはちや)念仏も劣らず盛んであった。田峯の盆行事では先祖霊とは別に餓鬼(がき)送りの念仏といって、塞(さい)の神、おしゃくじ、地の神、6・7歳で死んだ新仏に対しても念仏を申していた。今でも奥三河は霊魂観念が強く、先祖霊だけでなく土地に付いている無縁霊(むえん)（無縁ホトケ・餓鬼）も意識されている。盆行事などでは「迎え」よりも「送り」の観念が強く、自殺者のミサキオクリもあった。

念仏は、仏教からみれば往生するための行であるが、鎮魂(ちんこん)呪術的念仏、農耕儀礼と結び付いた念仏、民俗芸能的念仏と民俗化して人々に浸透したのである。奥三河は宗派的には圧倒的に禅宗優勢地帯であり、村の寺院が成立するのは近世初期である。こうした念仏は、禅宗寺院が村のなかに成立する以前、田峯の切子灯籠に記されて伝えられた「暮露」や、「ほうか」という呼称に伝承されてきた放下僧という中世の念仏聖などによって持ち込まれた民俗信仰であった。

■ 引用文献

有賀喜左衛門　1981年『一つの日本文化論―柳田國男に関連して―』未来社

伊藤唯真　1986年「灌仏会と供花」伊藤唯真編『仏教年中行事』（仏教民俗学大系　6）名著出版、79-96頁

伊藤良吉　1966年「三河地方念仏踊の系譜」『まつり』第11号（念仏踊特集）まつり同好会、100-110頁

大桑斉　1979年『寺檀の思想』教育社

大桑斉　1986年「半檀家の歴史的展開」近世仏教研究会『近世仏教』通巻第20号、1-33頁

蒲池勢至　2000年「西三河における真宗門徒の村と民俗」愛知県史編さん委員会『愛知県史研究』第4号、97-111頁

蒲池勢至　2003年「『惣仏』としての絵像本尊—湖北地方のオソウブツ—」『蓮如方便法身尊像の研究』（同朋大学仏教文化研究所叢書Ⅶ）法蔵館、328-342頁

鬼頭秀明　2005年「民俗芸能」愛知県史編さん委員会『愛知県史』（別編三河・民俗　3）859-870頁

五来重　1979年『続仏教と民俗—仏教民俗学入門—』角川選書

五来重　1982年『宗教歳時記』角川選書134

竹田聴洲　1971年『民俗仏教と祖先信仰』東京大学出版会

竹下角治郎・熊谷好恵　1952年『三州田峯盆踊—附・特殊の民謡と童謡—』豊橋文化協会

田中久夫　1978年『祖先祭祀の研究』弘文堂

中澤成晃　1995年『近江の宮座とオコナイ』岩田書院

福田アジオ　1988年「寺檀関係と祖先祭祀」石川利夫・藤井正雄・森岡清美編『生者と死者—祖先祭祀—』三省堂、194頁

福田アジオ　1992年「近世寺檀制度と複檀家」戸川安章編『寺と地域社会』（仏教民俗学大系　7）名著出版、49-66頁

森岡清美　1986年「毛坊主と村の道場」萩原龍夫・真野俊和編『聖と民衆』（仏教民俗学大系　2）名著出版、231-247頁

柳田国男　1975年「行器考」『定本柳田國男集』第30巻、筑摩書房、169-181頁

柳田国男　1990年a「先祖の話」『柳田國男全集』第13巻、ちくま文庫、118頁

柳田国男　1990年b「毛坊主考」『柳田國男全集』第11巻、ちくま文庫、419-428頁

■ 参考文献

五来重ほか編　1980年『仏教民俗学』（講座日本の民俗宗教　2）

弘文堂
五来重ほか編　1993年『仏教民俗学大系』（全8巻）名著出版
五来重『五来重著作集』（全12巻別巻1）2007年〜刊行中、法蔵館
櫻井德太郎　1987年『神仏交渉史の研究』（櫻井德太郎著作集　第2巻）吉川弘文館
竹田聴洲　1996年『竹田聴洲著作集』（全9巻）国書刊行会
藤井正雄　1993年『祖先祭祀の儀礼構造と民俗』弘文堂

9 山岳信仰と社寺参詣

西海賢二

山岳信仰と社寺参詣の伝播と受容

　山岳信仰に思いをはせると、おそらく日本人は真っ先に「富士山」を思い浮べるのではないだろうか。子どもの頃「頭を雲の上に出し四方の山をみおろして」と歌ったことなど、富士山に対して特別な思い込みがあったものである。この富士山の信仰が一般俗人に「富士講」として展開

写真9-1　毎年8月26日に開催される富士山鎮火祭に来た富士講中の面々

写真9-2　富士山北口登山道第一大鳥居（山梨県富士吉田市）

したのは近世以降のことである。

　富士信仰を近世社会に浸透させるのに一役を担ったのが御師(僧侶の祈禱者や神官で祈禱を専門にするもの)である。御師は富士山だけでなく大山(相模国)、榛名山(上野国)、戸隠山(信濃国)、筑波山(常陸国)、武州御嶽山(武蔵国)などにも散在していたが、彼らの活動の中心は配札をするなどして各地に講集団を簇生させることであった。

　たとえば「諸国山々御師御初穂控」(茨城県つくば市花室大津正司家蔵)には、以下のようにある。

　一　弐百文　　伊勢
　一　参百文　　同村分
　一　百文　　　宿
　一　五拾文　　尾鑿山
　一　百文　　　津島　宿　近年休
　一　金壱分　　同所御立符　村分七ヶ年一度宛
　一　三拾文　　香取
　一　三拾文　　柳津　宿
　一　五拾文　　大山　宿
　一　百文　　　京都愛宕山
　一　五拾文　　鹿島　宿
　一　同所　　　村初穂
　一　五拾文　　榛名山　宿
　一　五拾文　　戸隠山

これは「永代記録書捨文」と題した1冊の冒頭部分である。次の頁には寛政9(1797)年11月7日の記事が認められる。この同じ日に筆者の養父(花室村名主大津庄左衛門)が死去しており、後日養嗣子である筆者が庄左衛門を襲名して名主となっている。

写真9-3　富士山北口登山道にある室（山小屋）

「永代記録書捨文」は名主として記録しておかねばならない重要事項を個人備忘録的にまとめたものであり、毎日の記録を書きとめた日記ではない。それにしても名主の引き継ぎ記録に、新任名主として心得ておかねばならない年間の御初穂料(はつほ)の奉納先、金額・定宿・お日待ちなどを認めていたことは、新任名主の役職として最優先すべき事柄が御初穂であったことの現れである。このような事実が、近世以降の村社会を理解するうえで、これまでほとんど注意されてこなかったといえる。

それとともに山岳信仰が御師らの活動によって展開してきたという事実も、これまで等閑視されてきたといえる。前掲の史料から、少なくとも花室村においては18世紀後半、伊勢講、石裂山講(おぞくさん)、津島講（牛頭講・天王講）、香取講、柳津講(やないづ)（虚空蔵講）、大山講（石尊講(せきそん)・不動講）、愛宕講(あたご)、鹿島講、榛名講、戸隠講などの存在が確認されるのである。

ただし、ここで注意すべきことは、前掲した講集団や御師の記録は村の公金いわゆる「村入用」として処理されたものであり、この他に個人で受容した講集団や御師の存在も忘れてはならないであろう。

村方に入ってきた民間宗教者の対応策についてみると、幕末頃の稲橋村・川手村（現・愛知県豊田市稲武町）の記録などからも村の受容と個人による受容の峻別が民間宗教者側からもなされていたことが明らかとなるのである。

　　　　　覚
一　金三歩三朱ト
　　　銭弐百七拾文　　　　　　　　　　御初穂
　　右者戌年御初尾書面之通リ慥ニ請納いたし候且又御年玉
　　亥
　　　正月十三日　　　　　　　　　　　岩本院
　　　　　　　　　　　　　　　　　　　　　役人（印）

　　　　稲橋村
　　　　　古橋源六郎様

　　　　　覚
一　青銅三拾疋　　　　　　但シ十ヶ年分
　　右者武蔵国三峯山御免配札為料店慥ニ受取申候　以上
　　　　　　　　　　　　　　三峯山
　　　正月十日　　　　　　　代役人
　　　　　　　　　　　　　　　　　天明院（印）
　　　　当村
　　　　　御役人中様

　　　　　　　　　　　　（愛知県豊田市稲武町稲橋㈶古橋会蔵）

　この地域では、個人（私的）の小前（平百姓）入用として処理していたことが明治7（1874）年3月30日に訂正された幕末の「初穂詳細記」（愛知県豊田市稲武町稲橋㈶古橋会蔵）という記録に示されている。一部を抜粋して示すと以下の通りである。

　　　　傳蔵
一　麦三合　　　　　　津嶋

	米五合	
一	麦五合	洲原
	米壱升	
一	米壱合	白山
一	銭五拾	あたこ山
一	米五合	駒山
	米三合	
一	銭弐拾四文	鳳来寺
一	米壱合	大須寺
一	麦五合	笹平ねき
	米弐合	
一	米弐合	萬才
	銭弐拾四文	
一	米三合	猿屋
	銭三拾六文	
一	春 米四合	日かん
	秋	
一	米壱合	あさま
一	銭五拾	高屋山

　この記録は、村人が数多くの宗教的職能者に初穂料として金品を出していたことを示しており、このことから信仰を受容する村人側からもその必要性を認識していたことを知ることができるものである。

　そこで以下においては、社寺参詣と山岳信仰をめぐる諸相を伝承のみから見出すのではなく、試論となるが、村方で確認された信仰の表象物として、すなわち聖地や霊山などの御師、法印、修験者らの宗教的職能者が配札の時に各戸に配ったものや、代参などで参詣した折に受けてきた「お札」と本山参りや西国、坂東、秩父などの巡礼や四国八十八か所の遍路を果たした人々によって奉納された

「絵馬」の奉納状況から民俗信仰の一端を紹介する。

■ 社寺参詣とお札　前掲した常陸国新治郡花室村（現・茨城県つくば市花室）の史料「永代記録書捨文」には、山岳信仰と社寺参詣にかかわって数多くの講集団が確認されたが、次に茨城県内の常陸大宮市域（旧水戸藩領）において伝承で確認された講集団を掲げれば以下の通りである。報告では、講集団を「宗教的講」、「経済的講」、「社会的講」の３つに類別して示している。

宗教的講
〔宗派・教団の支部組織〕
　報恩講（浄土真宗）・題目講（日蓮宗）・二十六夜講（浄土宗）
〔生活の安泰と豊饒を願う講〕
「地域社会で完結する講」　二十三夜講・庚申講・子安講（鹿島講・観音講・地藏講・念仏講・十九夜講・砂糖餅講）・田の神講・山の神講・子待講・巳待講・弁天講・蛭子講・冬至講
「名社大社の神を勧請した講」　愛宕講・天王講・稲荷講・赤城講
「外社会の諸社寺に参詣する講」（カッコ内寺社所在地）：　加波山講（茨城県桜川市）・三峯講（埼玉県秩父市）・伊勢講（三重県伊勢市）・成田講（千葉県成田市）・善光寺講（長野県長野市）・戸隠講（長野県長野市）・出羽三山講（山形県）・古峰ヶ原講（栃木県鹿沼市）・大山講（神奈川伊勢原市）・粕尾録事尊講（栃木県鹿沼市）・石裂山講（栃木県鹿沼市）・御嶽講（長野県木曽郡木曽町・王滝村）・二荒山講（栃木県日光市）

経済的講
　愛宕講

社会的講
〔社会組織的講〕
「ムラ組織の単位としての講」　庚申講・二十三夜講、愛宕講
「同族集団の単位としての講」　赤城講
「年齢階梯制に基づく講」　念仏講
「同業者が結ぶ講」　太子講
〔社会機能的講〕
「社交機関としての講」　子侍講

(大宮町教育委員会［2000：138-140］一部補訂)

　この大宮町（現・常陸大宮市）の講集団の調査は、1997（平成9）年から1999年にかけて調査確認されたものであり、近年までこれだけ多くの講行事が行われていたことに驚嘆する。この「講行事」に直接関連するものではないが、旧大宮町小倉（現・常陸大宮市小倉）の大越純子宅には、前掲した山岳信仰と社寺参詣に関連した多数の「お札」が保管（現・常陸大宮市歴史民俗資料館大宮館に寄贈された）されていた。その一部を掲げる。

1　「高野山清心院
　　　廿日大師御真像
　　　茶湯牌證文
　　　　　　　　　　大越廣吉殿」(41×29)
2　「大山寺
　　　本宮　　小天狗護法使者
　　　　　　　　　　災難　消除所」(40×29.5)
3　「大山　阿夫利神社守護所
　　　本宮
　　　雨降山　　石尊大権現」(41×29.5)
4　「相州　　江之嶋
　　　　　　　下之宮」(43.5×23.5)
5　「勅宣正一位　大沼山主別當
　　　　　　　浮嶋稲荷宮御札大行院」(36×11)
6　「相州最乗禅寺」(29.5×16.5)
7　「鎌倉長谷寺」(29×12.5)
8　「八幡宮
　　　　　　相陽鎌倉鶴岡御宮」(28.5×10.3)
9　「鎌倉雪之下　宝戎寺門前大坂屋　孫兵衛板」(62×46.5)
10　「武州高尾山」(27×9.5)
11　「如意安産　　御守　　三十一才　(18.5×12.5)

　　　　　下野国芳賀郡下延生村
　　　　　延生山地藏教院城興寺」
12「石裂山
　　天照大日神
　　　　祭主　湯澤豊後」(43×29.5)
13「石裂山大権現守護　湯澤豊後」(32.5×7)
14「かしま　鹿嶋大神宮御齋」(17.5×15)
15「常州子生　象頭谷山」(37.5×27.5)
16「大枕殿」(44×16.5)
17「村松山　常州那珂郡」(30.5×18)
18「村松大神宮筒粥　御祓
　　　　　　　荒木田神主」(33×16)
19「開運甘三夜尊大勢至菩薩
　　　　　　水戸上町桂岸寺」(42×24)
20「駒形大明神日御供御祈禱札　五穀成就　牛馬安全
　　　　　　　　　常州酒出正神主」(38×12)
21「御祈禱札　金砂山」(39×10.5)
22「愛宕神社　久慈郡玉造」(42×15.5)
23「子守守護密教山甘二世住
　　生木地藏法印　慶頌彫刻之　山方村密藏院」(43×15.5)
24「奥州岩城　阿迦井嶽　龍燈常夜常福寺」(33×18.5)
25「奥州会津　立木観音」(41×24)
26「湯殿山」(42×32)
27「月山　湯殿山　羽黒　　執行別當」(34×11)
　　　　　　（カッコ内は大きさ。タテ×ヨコ、単位：センチメートル）

　1軒のお宅から確認された「お札」からも前掲した旧大宮町の講集団に相応するように、高野山（和歌山県）、大山・阿夫利神社（神奈川県）、江之嶋（神奈川県）、大雄山最乗寺（神奈川県）、長谷寺（神奈川県）、鶴岡八幡宮（神奈川県）、高尾山（東京都）、石裂山（栃木県）、鹿嶋大神宮（茨城県）、大杉大明神（茨城県）、村松虚空蔵（茨城県）、駒形大明神（茨城県）、立木観音（福島県）、湯殿山・出羽三山（山形県）

などが確認される。こうしたお札という具体的な造形物から、民俗信仰の実態を知ることも可能なのである。

社寺参詣と絵馬

地域社会に存在する社寺の多くには、社寺参詣に行って無事に帰ってきた人々によって奉納された絵馬が残されている。奉納された絵馬には、参詣した人々の姿が描かれており、その出で立ちをみると当時の旅姿が偲ばれ、これは絵馬が一種の記念写真のような意味をもっていたこともわかる。

埼玉県八潮市大曽根の元治元（1864）年「大山不動参詣通行手形」には以下のようにある。

```
差上申一札之事
        森川肥後守知行所
        武州埼玉郡大曽根村
            百姓    清左衛門
            百姓    久太郎
            百姓    政五郎
            百姓    忠蔵
            百姓    菊太郎
            百姓    熊次郎
            百姓    春吉
            百姓    鶴松
            百姓    久蔵
      〆拾人（ママ）
右之もの共儀心願有之相州大山不動尊江
参詣ニ罷越候間何卒以御慈悲
御番所被遊御通可被下候以上
            右大曽根村
                名主　佐五右衛門
  元治元子七月
```

御番所
　　御役人衆中

　　　　　　　　　　　　　　　（埼玉県八潮市八潮市立資料館蔵）

　八潮市は関東地方でも富士山・大山信仰が盛んであることはよく知られている。市内で確認された絵馬は300点以上になり、そのうち100点以上が富士山・大山・金華山(きんかざん)・善光寺の参詣、伊勢参宮などにかかわるものである。なかでも埼玉県南部の大山信仰は石尊を祀り、雨乞いの神として崇敬を集めている。さらに大山は出世の神様としても信仰されており、男子は15歳から19歳くらいの間に必ず参詣するものとされている。

　八潮市西袋の柳之宮氷川神社に奉納されている明治41（1908）年の絵馬には大山を中心にして江の島・鎌倉（鶴岡八幡宮）・羽根田神社が描かれており、特に19世紀初頭頃から大山・江の島・鎌倉をセット化して参詣することが一般化しており、この間の状況を1枚の絵馬の図柄からも読み取ることが可能となる。ちなみにこの絵馬には「奉納　明治四十一年九月吉日　会田忠次郎　森龍太郎　森半治　浅井甚太郎栗原賢吉　大字上番場　浅井兼吉」と墨書があり、おそらくここに名を連ねた面々は若衆であったものと思われる。参考までに西袋・柳之宮氷川神社に奉納されている山岳信仰と社寺参詣に関連する絵馬を一部下に掲げる。

1　富士参詣（明治17年8月25日）
2　御嶽登山（明治17年11月25日）
3　富士参詣（明治20年9月8日）
4　富士登山記念（明治25年8月7日）
5　大山・江の島参詣（明治25年10月）

6 富士参詣（明治30年9月2日）
7 富士参詣（明治34年9月17日）
8 富士参詣（明治36年）
9 尾鑿山参詣（明治45年5月7日）
10 阿夫利神社参拝記念（大正4年8月1日）
11 富士参詣（大正8年10月9日）
12 阿夫利神社参詣（大正9年12月）
13 阿夫利神社参詣（大正15年8月）
14 阿夫利神社参詣（昭和6年8月15日）

(筆者調査および八潮市立資料館［1999］)

これらの絵馬が奉納された時期の多くは8月から10月に集中しており、これはいうまでもなく各霊山のお山開きに関連しての奉納であったことがわかる。この一地域（神社仏閣）に奉納された絵馬からも、参詣ルートの変遷や講員が富士講と大山講で多くが重複していること、御縁年にかかわって女性の山岳登拝が散見すること、さらには男の一人前の通過儀礼としての集団参拝であったことなどが判明する。山岳信仰や社寺参詣をめぐっての民俗信仰を展望する時に、こうしたお札や絵馬などの「モノ」を通しての追究も重要であるといえよう。

■ 引用文献
大宮町教育委員会 2000年『大宮町の年中行事―年中行事・大宮の祇園・講行事調査報告書―』大宮町歴史民俗資料館
八潮市立資料館 1999年『掲げられた祈り 八潮の絵馬』（第17回企画展 図録）

■ 参考文献
櫻井德太郎 1962年『講集団成立過程の研究』吉川弘文館
新城常三 1982年『新稿社寺参詣の社会経済史的研究』塙書房

真野俊和　1991年『日本遊行宗教論』吉川弘文館
西海賢二　1999年『絵馬に見る民衆の祈りとかたち』批評社
西海賢二　2008年『富士・大山信仰』岩田書院
宮本袈裟雄　1984年『里修験の研究』吉川弘文館

10 宗教的職能者と民俗信仰

鈴木岩弓

〈ヒト〉と〈カミ〉　私たちの周りで営まれている信仰習俗には、地域性や時代性が反映されたさまざまなものがみられる。しかしその形態が多様であったとしても、それが信仰習俗として成立している限り、その構成要素のなかには、信仰の主体となる〈ヒト〉と信仰対象となる〈カミ〉とが必ず含まれている。換言するなら、信仰習俗は〈ヒト〉のみでも〈カミ〉のみでも成立することはなく、〈ヒト〉と〈カミ〉とがかかわりあうなかではじめて成立している、ということになる。

〈ヒト〉と〈カミ〉とのかかわりには、2種みられる。それはまず、〈ヒト〉と〈カミ〉とが直接交渉する場合である。その際の方向には〈ヒト〉→〈カミ〉、〈カミ〉→〈ヒト〉、〈ヒト〉↔〈カミ〉の3種のかかわりが想定されるが、現実にみられる交渉は〈ヒト〉→〈カミ〉の一方通行であることが大半である。そのため、かかわりをもつ側の〈ヒト〉にとっては、自分の願いが本当に〈カミ〉に伝わっているか否かは不安なところでもある。

そこでこの不安の解消の意味から、〈ヒト〉と〈カミ〉との間に特殊能力者が入り、様式化された仕方で両者を取り持つ間接的な交渉方法が、第2のものとして人間の文化のなかに定着してきた。こ

れが「宗教的職能者」と呼ばれる人々である。彼らは〈ヒト〉に代わってその願いを〈カミ〉に伝え、時には〈カミ〉の意思を〈ヒト〉に伝えてもくれる取次の役目を果たしている。

本章ではまず、「流行神(はやりがみ)」の事例を通じて「民俗信仰」の形成過程を概観してみることにしよう。ある時突然多くの信者を集めるようになった「流行神」は、流行し出す以前の〈カミ〉の来歴とは無関係にその信仰が成立することが多いため、「民俗信仰」を夾雑物なく把握することが可能と考えられるからである。そのうえでその形成過程における〈ヒト〉と〈カミ〉の交渉場面を確認し、「宗教的職能者」の役割について考えることにする。なおここでいう「民俗信仰」とは、「組織宗教」の対立概念ではなく、「組織宗教」の変化・曲解・混淆した状態、すなわち姉崎正治(あねさきまさはる)が「民間信仰」の語を造語した際の中心的意味で考えている(姉崎［1897：998］)。

「首無地蔵」の形成過程　これからみていく「首無地蔵」は、広島県府中市出口町の丘上に鎮座する、首が欠けた石像である(鈴木［1995b］)。高さ35センチメートル、幅20センチメートル、厚さ11センチメートルの石地蔵が世に知られるようになったのは、1977(昭和52)年5月、近所に住むAの夢枕に地蔵が立ってお告げをし、その内容通りに土中からこれが掘り出されたことに始まる。

5月18日の午前3時頃、Aがウツラウツラしているといつもの畑に地蔵が現れ、こう告げた。「我はここに埋もれている。掘り出して祀ってくれ。そうすれば人類のいかなる願いも叶えてやる」。目覚めたAは夢のことは忘れ、早朝4時半頃に丘の中腹にある畑にバイクで向かった。ところがこの日に限って畑脇の積み石に接触し、転倒してしまった。しかしひどい転び方にもかかわらず身体にもバイクにも異常はなく、安全のためにと積み石を動かすことにした。

最後にどけた石が形のよい石で、何かに使えないか考えていると、折しも昇ってきた朝日がその石にあたり、表面に地蔵の衣のような模様が彫られていることに気付いた。その瞬間夢を思い出したAは、あまりの偶然に些か気味が悪くなり、帰宅してしまった。

翌19日、前日のことが気になったAは妻と畑へ出向き、問題の石を水洗いした。すると、やはりそれは首の欠けた地蔵であった。通りがかりのTは、話を聞くや「土中にあって何年も経を聞いていないだろうから、経をあげて供養すべきだ」と述べ、翌朝オガミヤに拝んでもらうことになった。そこでAの妻は、畑の地主に地蔵を祀る了解をとりに行った。地主は岡山県にあるＱ講社の信者で、その先生に処し方を電話で相談した。すると「それはものすごい力をもったカミであるから是非祀るように」と即断され、畑の脇に地蔵が祀られることとなった。

翌20日の午前9時、Tから連絡を受けたオガミヤOがやってきて、石地蔵を拝んでくれた。参加者はA夫妻やTのほか、通りがかりの10人ほどで、これから毎月20日を月例祭とすることになった。以後この地蔵を訪れる人が現れ始め、花や供物があがるようになったが、それに伴い、参詣したことを契機に身体の不調が完治したという話が複数聞かれるようになった。

5月31日夜、Ｉ商店の新築祝賀会に出席したAの妻は、市役所の社会教育課に勤務するKと出会い、「首無地蔵」出現に纏わる一連の出来事を聞かせた。好奇心の強いKは興味を示すとともにこの話が新聞ダネになると直感し、その晩のうちに、新聞社へ情報提供した。翌6月1日の早朝には連絡を受けた『山陽新聞』の記者が訪れ、人々の参詣の様子を取材し、翌2日の同紙広島東部版に写真入り記事を掲載した。記事には参詣後に病気完治した話が紹介されていた

ため、問い合わせが殺到した。また6月20日には「首無地蔵」の祭祀1か月を記念した月例祭が挙行されたが、『山陽新聞』ではこの祭りも報道したほか、6月24日には「心」という宗教欄でこの地蔵の特集記事を組んだ。「流行神を現地に探る／病気治るなど人気」という見出しのこの記事以降、「首無地蔵」の存在は『山陽新聞』の読者の多い岡山全県と広島県東部に広く伝えられることになった。

この間発見者のAは地蔵の世話人と目され、賽銭や供物などの整理を行っていた。しかし、急速に広まる「首無地蔵」に対する信仰に対応を考えあぐねたAは、近くのオガミヤFに相談した。するとここでもこの地蔵が強い力をもっていると告げられ、さらに地蔵が堂を建ててほしがっていることが明らかになった。そこでAは堂の建立用地確保に奔走したが、結果は芳しくなくノイローゼになる始末であった。ちょうどその折、妻が自宅で堂建立が進まない詫びを念じていると、突然身の丈1間ほどの神々しい女性の姿が白壁に現れた。何も語らずに佇む姿をみた妻は、地蔵が堂を建てられないでいる自分たちを許してくれたものと考え、これを拝した。それを聞いたAは、これを機に丘の下に住むHに、世話人の交代を頼むことにした。そこでHは近所に呼びかけ、組内9軒で世話人会を結成して「首無地蔵」の世話をするようになった。世話人には特に信仰熱心な人々はおらず、組内に住むというだけで、職業・年齢・宗旨などの異なる俗人集団であった。またこれまで司祭をしてきたオガミヤOが交代し、真言寺院のJ寺住職が司祭を引き継ぐこととなった。

堂建立の話は引き続き世話人会でも検討されたが、これが具体化してくると反対者も現れ、二転三転して建立が延期された。そうした状況の9月2日夜、地蔵像が持ち去られるという事件が発生した。しかし関係者が八方手を尽くした結果、翌日早朝、100メートルほ

ど離れた草むらから発見された。意外に近くからみつかったことに、「地蔵が自ら重くなり、犯人がもちきれずにそんな近くに捨てたのだろう」という話がまことしやかに伝わり、ここでも「首無地蔵」の霊威が示されたこととなった。

　その後月例祭を地蔵出現の18日に変更した9月の祭典時には、あわせて地蔵堂落成の大祭が催された。この時の参詣者は1500人以上に上り、寄付をした人々に地蔵堂の絵の入ったタオルが配布された。このタオルは評判がよく、その後500円以上納めた人に参拝記念として配布されるようになったので、タオルで自分の患部と地蔵の同じ部位を交互にさする拝み方が主流となってきた。また9月28日には、地蔵からお蔭をもらったとする体験談をまとめて『地蔵大菩薩礼賛記』（『礼賛記』と略称）第1部が発行され、さらに10月10日には縁起書として『地蔵尊由来記』も出されて、ともに参拝者に配布された。

　年末になると沈静化していたマスコミ取材が再燃し、12月21日の『山陽新聞』は「首無地蔵」の記事を掲載した。また23日には広島のRCCテレビのニュース番組で、1年を振り返った出来事の一つとして地蔵出現が取り上げられ、27日にはこのニュースが

写真10-1　「首無地蔵」と参拝客

TBS系の全国ネットを通じて流されたため、「首無地蔵」の存在は全国的に広められることとなった。

マスコミ取材はその後も相次ぎ、取り上げられる度に参詣者の増加が繰り返しみられた。そうなるとマイカー参詣のみならず、バス会社主催の「首無地蔵」参詣ツアーも企画されるようになり、中四国・北九州のバス会社が多くの参拝客をこの地に運んできた。参詣者の急増で地蔵堂が手狭になった「首無地蔵」では、1979 (昭和54) 年5月16日に丘を少し登った現在地に堂を遷座し、同年9月26日には、世話人会を宗教法人化した。以来、出現から30年以上経った今日、「首無地蔵」は、西日本を中心とした全国各地から年間40～50万人もの参詣者を集める一大信仰拠点として定着している。

■「首無地蔵」信仰の特質　さて、以上の経緯で展開してきた「首無地蔵」に対する信仰は、夢のお告げ通りに出現した以前のこの石像に対する信仰とは無関係に、全く新たに創出された信仰現象であることが明らかである。そして、こうした信仰が短時日のうちに参詣者の急増をもたらしている点から、「流行神」の典型的な事例とみなすことができる。このような「首無地蔵」に対する信仰の特質は、一言でいうなら「非組織性」に求められる。

「首無地蔵」では毎月18日の月例祭や5月18日の大祭には、真言寺院の僧侶が依頼されて儀礼を執行するが、その時以外、境内に僧侶の姿はみられない。普段の管理運営は俗人で構成される宗教法人「首無地蔵菩薩」に任されており、参詣者たちに対して、特定宗派の教義的指導がなされることはない。世話人たちはあくまで、自身の役割を施設の環境整備を行うものと理解しており、ここでなされる信仰行動については参詣者が一対一で「首無地蔵」とかかわるべきことと考えている。そのことを示すように、参詣者の唱えるコト

バには「オンカカカ・ビサンマエイ・ソワカ」という「地蔵真言」や『般若心経』のほか、「南無阿弥陀仏」「薬師真言」などの地蔵とは関係のない経文もみられ、また祈り方も地蔵と自分の体の同じ部位を交互にさすったり、地蔵に供えた線香の灰を患部に塗ったり、供えた水を飲んだりと、これまた参詣者の思い思いの方法がとられている。したがってこの地蔵に対してなされる参詣行動は、原則的に参詣者個人の判断に基づく自由選択で行われているのである。

またここへの参詣者は、個人や家族同士のみならず、ツアーなどのグループでやってくるが、彼らの間には、相互をまとめていく「講」のような組織は存在しない。またここを管理する世話人側でも「御師」のような役割はなく、積極的な参詣者獲得の働きかけがなされているわけでもない。

つまり「首無地蔵」に対する信仰は、地蔵菩薩という仏教上の信仰対象を祭祀対象としていながら、特定仏教宗派の教義や教団組織との関係はほとんどなく、それ自体としても教義的・教団的に非組織的性格をもっている。このことから、この信仰は「民俗信仰」の事例として位置付けることが可能である。

「首無地蔵」にみる〈ヒト〉と〈カミ〉のかかわり

「首無地蔵」信仰が形成された過程を思い返してみると、〈ヒト〉と〈カミ〉とのかかわりの場面が多々みられた。そのような場面が繰り返されることで「首無地蔵」の霊威は高まり、それにあわせて参詣者が増大し、結果としてその信仰が拡大して定着する方向へと歩んできたということもできる。

ただそのようなかかわりのうち、〈ヒト〉と〈カミ〉との間に橋渡しをする「宗教的職能者」の出番は意外に少なく、前述の信仰形成史のなかで確認されるのは、Q講社の先生・オガミヤO・真言宗

J寺の住職・オガミヤFの4人の職能者のみである。これら4人のうちオガミヤOと真言宗J寺の住職は、ともに月例祭の儀礼を執行した司祭者であった。つまりここの公式祭典時に、「首無地蔵」を供養すると同時に、集まってきた参詣者たちのそれぞれの祈りを地蔵に向けて捧げる場を設定する役割を負っていた。大師(だいし)信仰に熱心なオガミヤOの場合は、真言宗醍醐派の寺院で得度した経験をもち、司祭した際には『仏説延命地蔵菩薩経』を読誦したものという。また同じくJ寺の住職も、真言宗の儀軌(ぎき)に則り「首無地蔵」の月例祭を司祭したのであるが、この2人の「宗教的職能者」に関しては、〈カミ〉の側からの意思表示が伝えられることはなかった。

　残る2人のうちQ講社の先生は金比羅信仰、オガミヤFは不動信仰を行っている「宗教的職能者」であったが、ともに「首無地蔵」との間の取次を依頼されたのではなく、「首無地蔵」をどう扱うべきかに関する判断を託されていた。それに対しそのどちらもが即答で、「首無地蔵」が〈カミ〉としていかに優れた存在であるかという肯定的な判断を下したのである。さらにオガミヤFは、上記の判断の際に、あわせて堂のなかで祀ってほしいという「首無地蔵」の意思を取り次ぎ、またQ講社の先生の場合は、最初の電話相談の後にこの地蔵を「首無地蔵」と命名するよう連絡してきていた。この2人の関与があったことではじめて、出現した石地蔵が「首無地蔵」という名のもとに畑の脇に祀られることとなり、また堂のなかで祀られることともなったのである。その意味から、「首無地蔵」の信仰形成史において、この2人の「宗教的職能者」の判断がいかに重要な言説として人々の間に伝えられたかについてはいうまでもなかろう。

　とはいえ、この2人がその後にも「首無地蔵」にかかわったとい

う話は寡聞にして聞こえてこない。特に、〈カミ〉としての「首無地蔵」からの意思を〈ヒト〉に伝えたということはなかったようである。実は、そのような〈カミ〉からの意思表示は、「首無地蔵」信仰のなかでは、〈カミ〉である「首無地蔵」自身が〈ヒト〉に対して直接行ったとされることが非常に多かった。先に形成史で述べたなかに出てきた事例に限って時系列的に挙げるなら、その最初がまさにAのみた霊夢であり、さらにそれに引き続き、彼が結果としてお告げ通りに地蔵を掘り出してしまったことが挙げられる。またさらに参詣が始まってから続出した体の不調が完治するという多数の体験、そして堂建立の件で悩んでいたAの妻の前に現れた女性の姿、さらには盗難に遭った地蔵が意外に近くから発見されたことなどで、いずれも地蔵から直接なされた人々への意思表示と解釈されているのである。

確かに、「首無地蔵」を信仰する人々の間では、その姿をみたり声を聞いたりといった経験をした人は多々みられる（鈴木［1995a］）。そしてそのような〈カミ〉顕現の経験は、それを経験をした当事者に対する「首無地蔵」からの直接的な意思表示、つまり〈カミ〉→〈ヒト〉のかかわりと解釈されるのが常であった。このような解釈が、当事者自身の価値判断に基づいてなされていることはいうまでもない。しかし、その解釈譚が人々の間に伝達・受容されていくうちにそれは社会全体の共通認識となり、「首無地蔵」の霊威を示す根拠として作用するようになり、結果としてこの信仰のさらなる拡大に役立ってきたものといえる。

■「首無地蔵」信仰における「宗教的職能者」の誕生

そのようななか、〈カミ〉としての「首無地蔵」へかかわりをもつ〈ヒト〉のなかから、「宗教的職能者」の萌芽ともいうべき段階の人々が生

まれてきていることは興味深い。そこで次に、そのような事例についてみていくことにしよう。ここで手がかりとなるのは、『礼賛記』収録の体験談である。

前述したように、「首無地蔵」ではお蔭をもらったという人々の体験談の一部がまとめられ、『礼賛記』として刊行されている。ここに収録された体験談は、地蔵の立つすぐ脇に設置された箱に投入された、「首無地蔵」からお蔭をもらったとする体験者自身の記述を世話人が編集したもので、原則として住所と実名が併記されている。これらは原文を尊重して収録されており、その一部に対して実施した調査からも、掲載されている内容は本人の投稿した内容にほぼ沿うものと確認されている。

『礼賛記』の記述からは、ここへとやってきた参拝客の一部には、前提としてそれぞれにとっての〈危機的状況〉があり、その悩みからの解放を願ってこの地蔵にかかわったことが明らかである。そうして参詣した後、その多くは、悩みが即効性を伴って解消するという体験をすることとなる。こうした問題解決を当事者たちは「お蔭をもらう」と表現し、その体験をした人々は引き続き、その多くが「首無地蔵」に対する継続的な〈信仰者〉となり、その後も折に触れてここへと参詣するようになる。

こうして「首無地蔵」の〈信仰者〉となった人々は、「首無地蔵」からのお蔭に感謝し、自分の体験談や「首無地蔵」に関する情報を他者に伝えようとする行動をとることが一般的である。『礼賛記』収録の〈信仰者〉に限ってみても、少なくとも半数以上が〈情報発信者〉となっているのである。

ここで情報発信する理由は、自分の切実な願いが叶えられたことに対する素朴な喜び・感謝・帰依(きえ)の表明・報恩などで、他からの指

導や強制に基づくものではなかった。かつて同じく〈危機的状況〉にあった自分が、いかにして「首無地蔵」からお蔭をもらったかという体験を聞かせることで、他者の〈危機的状況〉解消に対し指針を与えようとする、一種の仲間意識に根差した共感的・献身的情報提供ということもできる。

　〈情報発信者〉は、その果たす役割に応じて、さらに〈布教者〉〈同道者〉〈代参者〉〈取次者〉の4種に細分される。

　まず〈布教者〉は、他者に対して「首無地蔵」に関する情報を提示する人たちである。その際中心となる話題は、自分がお蔭をもらったという体験談であるが、これらの人々は情報提供以上の行動をとるわけではない。

　これに対し〈同道者〉は、自分の受けたお蔭を感謝し、新たな願いをするために参詣する際、新規の参詣者を一緒に連れて参詣する人のことである。

> 何日かたつ中、足の痛さを忘れる様になっていました。嬉しくてもったいなくてたまりませんでした。その後、遠く近くの人々をおさそいして参り、ほとんどの人が喜んで二度三度とお参りをしています。かぞえて五十人ぐらい参らせていただいていましょう。(倉敷市・女・62歳)

この記述からは、〈同道者〉の周辺に、新たな参詣者が複数再生産されている事実がうかがえる。

　また〈布教者〉のなかには、たまたま、自分が参詣する時に他の人から代参を依頼される場合があるが、さらには〈危機的状況〉にある他者に代わって、〈布教者〉自らが代参目的の参詣をかって出る場合もみられる。

奥さんが、かねがね私が話していた首無地蔵さんにお願いに参りたいが今の状態では主人の病状は危篤状態でお参りができないと話された。医者はあと二〜三日の命と思っていられるらしいので翌日私と娘が代参しました。（滋賀県草津市・女・57歳）

　こうした利他の祈りを目的とした参詣を行う〈信仰者〉は、〈代参者〉とみなすことができる。

　さらに、代参の依頼をある程度恒常的に引き受ける人々のなかには、「首無地蔵」の意思を依頼者に伝えることができるということで〈取次者〉となっている場合が、わずか2例であるが確認された。この2人は相互に関係はないが、それぞれ「首無地蔵」の顕現を体験しており、お伺いを立てるとお告げをもらうことができる霊感の強い人といった社会的評価を得ている人々である。どちらも元来信仰生活に熱心であったが、自分なりの修行の結果、「一心こめて百巻の心経を上げお地蔵様にお願いした」（山口県柳井市・女・65歳）、あるいは「私はいつもの通り、午前二時の地蔵参拝を三日続けた」（広島県福山市・男・46歳）というように、独自のやり方で「首無地蔵」に対峙している。特に後者の男性はいわゆる宗教的職能者と呼ばれるような仕事とは無縁の人であるが、知人の佐藤氏が急病になった際に依頼を受けた事例について、以下のように記している。

　私は例によって、……三夜連続、夜の十二時に首無地蔵にお願いに参った。祈禱は毎夜一時間位続けた。無我の境に入ったころ、お地蔵様の姿が見えてくる。それは女性のように美しい尊いお姿である。地蔵経を上げる時はすんなりと上げられるが、病気治療の願いごとを唱える段になると、お経を止められることもある。お地蔵様がお聞き届け下さった時は病人の病のなおる時である。最近は私の胸にお地蔵の強い圧力を感ずる。これが私へのお知らせである。佐藤氏の場合、二

夜つづけてお地蔵様が私に乗り移られ、18日に助けてやるとの啓示を受けた。

　この例にみるように、「首無地蔵」に対する信仰の深まりのなかに、「首無地蔵」信仰への帰依者・伝播者が生まれるのみならず、「首無地蔵」と依頼者との媒介をする「宗教的職能者」の役割を果たす人まで現れていることは、注目すべきことと思われる。さらにこれらの人々は、現在のところ専門的な「宗教的職能者」となっているわけではないが、〈危機的状況〉にある人々からしばしば取次の依頼を受けており、彼らの周りには、緩やかではあるが依頼者を中心とした擬似的信仰集団が形成されつつあることは興味深い。

「宗教的職能者」の諸相　こうしてみてくると、「首無地蔵」信仰の成立してきた背後に介在してきた「宗教的職能者」には、ここへかかわる以前から真言宗の教団に所属していたJ寺の僧侶のような人に加えて、地域の人々の困りごとの相談にのっていたQ講社の先生や、OやFのようなオガミヤがいた。そしてさらにここへの信仰に熱心であった俗人のなかに、その信仰の深まりとともに「宗教的職能者」へと生まれ変わりつつある人も加わり、さまざまな「宗教的職能者」が絡みあうなかでその信仰が展開していることが明らかになった。

　この事例が示すように、われわれの周りにみられる信仰習俗において、〈ヒト〉と〈カミ〉との間に立ってその取次を行う「宗教的職能者」と呼ばれる人たちには、さまざまな人が含まれている。それらを大別すると、一方には僧侶、神職、神父、牧師といった「組織宗教」にかかわる専業従事者がいる。これらの人々は、「聖職者」「祭司（priest）」などとも呼ばれて、当該の「組織宗教」運営の一員

として、教義的にも正統な内容を継承しているものと考えられている。これに対し他方には、ミコ、法印、オガミヤ、モノシリ、イタコ、カミサマなどと、地域ごとにいろいろな表現で呼ばれる「宗教的職能者」が確認される。これらの人々は、一般に「組織宗教」とのかかわりが前者よりは薄い、「民俗信仰」の従事者と考えられ、「祈禱師（medicine man）」「呪術師（magician）」などとも呼ばれている。

　これら2種の「宗教的職能者」は、前者を単に「宗教者」、後者を「民間宗教者」と呼んで、その違いが区別されることがある。後者の場合、「民間」という修飾語が付くことで、「官」や「公」「正統」などといった領域とは対立するものであることが示されるわけであるが、それがゆえに、前者に比べて多少劣ったものといった価値評価が含意される傾向もみられる。

　そのような価値評価が生じてくる大きなきっかけとなるのは、職能を獲得して「宗教的職能者」となる際のいわば教育課程のあり方であろう。「宗教者」となるためには、それぞれの「組織宗教」に設置された学校や修行道場などで、教師について体系だったカリキュラムを実修し、職能にかかわる知識や技術を修得していくのが通例である。

　しかし「民間宗教者」の養成の場合には、一般に学校は存在せず、体系的な教育とすると、師匠へ弟子入りするという方法がみられる。青森県のイタコの場合には、目の不自由な幼女が先輩のイタコのところに弟子入りすることで、「イタコ修行」が行われる。弟子は住み込みや通いで師匠の生活の手伝いをしながら、師資相承で唱えごとや拝み方などを口伝えに教えられる。そして最終試験ともいうべき「師匠上がりの修法」（ダイジユルシ）を無事に済ますことで一人前と認められ、イタコとしてのショーバイ（商売）に入るのである。

さらにまた「民間宗教者」のなかにはそのような後継者養成のシステムをもたないケースも多々みられる。同じく青森県のカミサマの場合、そもそも弟子入りして職能を修得するという流れは希薄である。候補となる人は、それ以前から体の不調をはじめとする個人的な悩みをもっており、そのような〈危機的状況〉の解消を祈ってさまざまな神仏にかかわった経験をもつ。そのようななか、独自に考え出した〈カミ〉との交渉方法と出会い、それによって悩みが解消もしくは縮小することで、他の人の悩みにも応えられる職能を獲得できたとすることが多い。そうした修行の際には、多くの有名寺社や霊場などといわれる宗教施設、また特別の由緒は知られていない近所の仏堂小祠などへのかかわりが顕著である。何らかの「組織宗教」に入信し、そこでの修行にかかわる場合も珍しくはないが、最終的にはそのような宗教の教えそのものとはズレた信仰をもつことも多く、組織宗教の教師の資格をもちながらも、有名無実化していることも珍しくない。

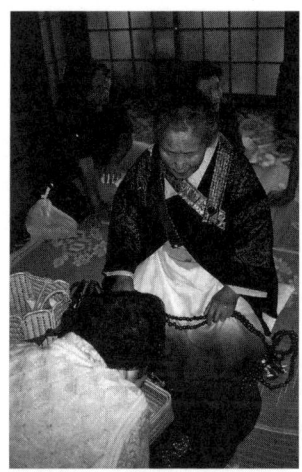

写真10-2　イタコのホトケオロシ（青森県上北郡おいらせ町・法運寺）

このように、「組織宗教」との関連が一般に薄く、個人的で独自な信仰遍歴によって編み出された信仰体系に対する評価は、一般に余り高いものではない。「組織宗教」の教義とは無関係な、主観的経験に基づく信仰体系であるという点で価値付けを低くしている傾向がある。逆に考えるなら、比叡山延暦寺の歴史にみるように、「組

織宗教」の教義が長年多くの人々の力を結集して整えられてきた道は、ある意味信仰における客観的説明を模索する道であったということもできよう。

とはいえ、「宗教者」のかかわる「組織宗教」のみを扱っても、現実の日本人の宗教生活の全体的把握ができないことはいうまでもない。われわれの現実の信仰では、建前としての「組織宗教」の教義とは別に、「民間宗教者」がかかわる信仰が表裏でみられるからである。

表面がブツブツした石地蔵が、「疣取り地蔵」として信仰を集めている例があるが、仏教経典のなかで教義的に疣取りを説明した儀軌があるのではない。その地蔵が作られた際には、疣取りとは無関係に、何らかの経典に則ってその図像が選択されたのである。このような経典は、梅棹忠夫のいう「メーカーの論理」、すなわち仏教信仰を創出する教団側の論理を集大成したものである。しかしこれを信仰する信者にとっては、経典の内容よりも地蔵の形や材質から連想される地蔵の霊力のほうがはるかに説得力をもつ。いわばこれが仏教信仰を受容する「ユーザーの論理」である。つまりわれわれの周りにみられる現実の信仰習俗は、「メーカーの論理」と「ユーザーの論理」のせめぎあいのなかで生まれているのである。そしてその両者の論理を取り持ったかたちで現実の信仰習俗を創出していくのが、ディーラーともいうべき「宗教的職能者」の役割となる。その意味で、「宗教的職能者」は民俗信仰形成において無視できない存在なのである。

■ 引用文献
姉崎正治　1897年「中奥の民間信仰」『哲学雑誌』第12巻第130号、

995-1025頁

鈴木岩弓　1995年a「庶民信仰の形成―『首無地蔵』にみる地蔵出現の意味―」楠正弘編『宗教現象の地平―人間・思想・文化―』岩田書院、395-431頁

鈴木岩弓　1995年b「『首無地蔵』信仰の展開構造」『宗教研究』第69巻3輯、日本宗教学会、171-196頁

■ 参考文献

梅棹忠夫・多田道太郎編　1972年『日本文化と世界』（論集・日本文化　2）講談社現代新書

宮田登　1993年『江戸のはやり神』ちくま学芸文庫

11 巫女とシャーマニズム

谷口 貢

神がかり　日本では神霊が人に乗り移ることを「神がかり」と呼んできた。古くは「かむがかり」「かんがかり」ともいい、漢字では「神懸」とか「神憑」などと表記されてきた。すでに『古事記』の神話のなかで、天照大神が須佐之男命の暴状を怒り天岩屋に隠れた時、その岩屋戸の前でアメノウズメノミコト（天宇受売命）が踊りながら「神懸」したことが記されている。本居宣長（1730-1801）は『古事記伝』において、「神懸は、物の着て正心を失へる状に、えも云ハぬ剖戯言を云て、俳優をなすを云なり」と解説している（本居［1941：198］）。『日本書紀』神代巻には「顕神明憑談」とあり、「此云歌牟鵝可梨（これをかむがかりという）」としてその読み方が示されており、神霊がアメノウズメノミコトに憑依して言葉を口走るさまを表す語とみられる。こうした「神がかり」現象は、歴史的な文献記録から現代の新宗教に至るまで、さまざまなかたちで見出すことができ、日本の宗教史を考えるうえでも重要な意味をもつ宗教現象の一つであるといえよう。

　この「神がかり」は、シャーマン（shaman）のトランス（trance）、つまり変性意識状態の一種であるとみられる。シャーマンが託宣、予言、卜占、祭儀、治病行為などの呪術－宗教的役割を果たす際

には、通常とは異なる意識の状態（変性意識状態）に陥るとされるからである。したがって、「神がかり」状態で宗教的行為を実践する、日本の「巫女」とか「巫者」などといわれる呪術 - 宗教的職能者は、シャーマニズム研究のなかで追究されてきた「シャーマン」の範疇でとらえられるものといえる。

■ 巫女の分類

日本の「巫」は、「みこ」とか「かんなぎ」などといわれ、神に仕えて神楽・祈禱を行い、または神降ろしをして神意をうかがう役割を担う人物を示す語である。「巫覡」という場合は、女性が「巫」、男性が「覡」である。「みこ」は「巫女」とか「神子」と記されることが多く、また「かんなぎ」は男女を区別する場合、女性を「かんなぎ（巫）」、男性を「おのこかんなぎ（覡）」などといった。平安時代後期の『梁塵秘抄』には、「東には女は無きか男巫、さればや神の男には憑く」という今様歌謡が収録されており、東国では男性巫者の活動がみられたことを伝えている（佐佐木 [1933：87]）。このように「みこ」や「かんなぎ」は女性に限られるわけではないが、日本社会に展開してきた巫者の分類をめぐる研究は、主として女性巫者の「巫女」に焦点があてられてきたといえる。

巫女の本格的な研究を行ったのは柳田国男の「巫女考」（1913-1914年）である（柳田 [1999]）。日本の巫女には2種類みられるとして、神社に所属して神前で鈴を振って歌舞を奏し、湯立などの神事に関与する巫女と、村の外から訪れ、人々の求めに応じて口寄せなどを行う歩き巫女を挙げている。これらの巫女は、いわゆる「神社巫女」と「口寄せ巫女」である。柳田は、両者の巫女の根源は一つであり、歴史的変遷のなかで分化してきたのだと説いた。これをほぼ継承した中山太郎（1876-1947）は、『日本巫女史』（1929年）において、巫女

を「神和系の神子（かんなぎ）」と「口寄系の巫女（くちよせ）」の2種に分類している（中山［1969：3］）。柳田・中山の巫女分類案については、堀一郎が「我が国の巫女は一種類のものの多様な変化なのか、または多元的なものの相互類似なのかも明らかではない」と指摘しており、巫女の系統論についてはいまだ結論が得られているわけではない（堀［1951：2］）。

シャーマニズムの調査研究を精力的に行った櫻井徳太郎は、『日本のシャマニズム（上巻）』（1969年）において、民間巫女を(1)職巫型（職業巫女）、(2)神巫・社巫型（神社巫女）、(3)俗巫型（里巫女）の3種に大別し、(2)には①祭巫型（司祭巫女）、②舞巫・楽巫型（舞楽巫女）の2つ、(3)には①家巫型（イエ巫女）、②族巫型（ウジ巫女）、③村巫（ムラ巫女）、④郷巫型（サト巫女）の4つをそれぞれ下位区分として挙げている（櫻井［1988：12-30］）。櫻井の分類案は、文献史料に基づいた柳田・中山の分類案に対して、地域社会の実態に即したかたちで構想しようとしたところに特徴があり、「口寄せ」系の巫女を職業性が強く行動範囲の広い「職業型」と職業性が弱く民俗社会に密着して役割を果たす「俗巫型」との2種に分けてとらえている。そして、後者の「俗巫こそが、日本の巫女の秘密を探る鍵をにぎっている」とし、「日本民俗学の対象として研究上重視せねばならない領域に属している」という注目すべき見解を述べている（櫻井［1988：23］）。「俗巫」の具体例としては、櫻井が調査した伊豆諸島の巫女などを紹介している。

櫻井の分類案以降、巫女の体系化を指向した新たな分類案は提示されていないが、これまでの検討で明らかな点は、日本の「巫女」という概念はきわめて多義的に用いられてきたということである。たとえば、『改訂 綜合日本民俗語彙』に載せられている巫女の民俗

語彙を地方別にいくつか抽出して示すと、東北のアサヒミコ・イタコ・オカミン・オナカマ・ゴミソ・ノリワラ・マンニチ・ワカ、関東のウタコ・コモリ、中部のオモリ・シナノミコ・ノノウ・トイギキ、近畿のイチ・ソノイチ・ホトケミコ、中国のオシエ・コンガラサマ・ユミウチ、四国のウチカケ・カンバラタタキ・カワワタシ・ヨリマワシ、九州のイチジョウ・ゴシン・ネエシ、沖縄のノロ・ユタ、などである（民俗学研究所編［1955・1956］）。こうした多様な民俗語彙から、地域社会における巫女の役割や人々の巫女への視線の一端を垣間見ることができる。それから、巫女の概念を広義・狭義のどちらに設定するかによって、巫女像の理解がずいぶんと違ってくることにもなる。したがって、シャーマニズム研究における「シャーマン」と「巫女」との関連性の検証、そして巫女の歴史的・通史的な研究の成果などをふまえた巫女の総合研究を今後よりいっそう進める必要があるといえる。

■ シャーマニズム研究の進展　日本のシャーマニズム研究が盛んになるのは、第二次大戦後であり、とりわけ1970（昭和45）年前後から人類学（民族学）、民俗学、宗教学、社会学、歴史学、心理学、精神医学、文学等の諸分野からアプローチされるようになり、学際的な研究が推進された。戦後日本におけるシャーマニズム研究の動向をまとめた佐藤憲昭は、研究上の主な特徴点を次のように指摘している（佐藤［1989：22-41］）。(1)戦前より開始されていた巫女研究をシャーマニズム研究に位置付けてきたこと、(2)海外の研究成果を常に意識しながら進められてきたこと、(3)調査に基づく実証的な研究が本格的に行われてきたこと、(4)日本のシャーマニズムの特質を探る方法として海外調査が実施され、国際的な比較研究が進められてきたこと、(5)理論と実証の両面から「シャーマン」と「シャー

マニズム」の枠組みが再考されてきたこと、などである。佐藤の徹底した研究文献の収集と的確な整理によって、研究動向の主要な道筋と問題の所在を鳥瞰することができる。

このなかで注目されるのは、(1)に関連して「巫は果たしてシャーマンか」という問いをめぐる議論の展開である。佐藤は、この問いに対する見解を、①「巫」を「シャーマン」としてとらえる見解、②「口寄せ巫女」と「シャーマン」は異なる存在であるとする見解、③昭和40年代までの民俗学者の見解、という3つに大別している。③については、柳田国男によって巫女研究が開始され、折口信夫や中山太郎を経て戦後に継承されていくが、どちらかといえば民俗学者は巫女研究に対して消極的であったという。その理由は、日本文化の基底を担うとされる「常民」に焦点をあててきた民俗学において、非常民的な性格をもつ巫女が研究対象になり得るのかどうかという問題を抱えていたからだとする。そして、それゆえに「巫」を「シャーマン」と関連付けてとらえようとすることはなかったとしている。

こうした研究の状況は、昭和40年代に入ると、日本社会に展開する「口寄せ巫女」や「巫者」を「シャーマン」として積極的に位置付けて研究する動きが活発化するようになる（佐藤［1989：26-28］）。それは、ルーマニア出身の宗教学者、ミルチア・エリアーデ（Mircea Eliade、1907-1986）の大著『シャーマニズム―古代的エクスタシーの技術―』（仏語の原本は1951年、英訳本は1964年、そして日本語訳本は1974年に刊行された）が出版されたことによって、シャーマニズム研究の理論的構築がなされるとともにシャーマニズムが世界的な広がりをもつ宗教現象であることが明らかにされたからである。民俗学の櫻井徳太郎は「巫女とシャーマン」（1966年）において、比較民俗学的

観点を導入しつつシャーマンおよびシャーマニズムの概念を慎重に検討し、「巫女」の特徴をとらえようとしている。そして、「日本の巫女に対比されるものは、いうまでもなくシャーマンであり、これを民俗学の対象としてみるときはシャマニズム（巫俗）が問題になろう」と述べるに至る（櫻井［1966：8］）。これ以降、櫻井は調査研究に邁進して、『沖縄のシャマニズム』(1974年)、『日本のシャマニズム』上・下巻(1974・1977年)等の研究成果を刊行している。

また、宗教学の堀一郎は『日本のシャーマニズム』(1971年)において、シャーマンを「真正巫」と「擬制巫」に大別し、前者を「個人的かつ突発的な神霊による召命入巫者」、後者を「ある種の訓練または技術修得によって巫業をおこなうもの」を指すとしている。そして、「擬制巫」の下位区分として「神社ミコ（神和）系」と「口寄せミコ系」の2つに類別している（堀［1971：25］）。こうした見解は、現在の研究水準からすれば問題点を含むものであるが、「巫」を「シャーマン」としてとらえる方向に、一定の道筋を付けることになったものといえる。

脱魂型と憑霊型

シャーマニズムは、一般にシャーマンといわれる呪術－宗教的職能者を中心とする宗教現象または形態であるとされる。そして、シャーマンの語はツングース語やゴルド語・マンシュー語の「サマン（saman）」に由来し、19世紀以降に北アジア、シベリアさらに中央アジア一帯の呪術－宗教的職能者を指すようになり、その後世界各地の類似する職能者を意味するようになったとみられている（佐々木［1980：22-23］）。シャーマニズムの人類学的研究を主導してきた佐々木宏幹は、シャーマンの呪術－宗教的特質として、①超自然的存在（神や精霊など）との直接接触からその能力を得る、②超自然的存在との直接交流によ

って役割を果たす、③その力能を行使している間は、常とは異なる精神状態にある、という3つを挙げている（佐々木［1980：26］）。①はシャーマンと超自然的存在との関係の仕方における特異性を、他の宗教的職能者のそれと比較して析出したものであり、シャーマンのイニシエーション（成巫）過程にみられる特色である。日本でいえば、神がかりする巫女・巫者などの職能者と、神職・僧侶・修験者などの宗教者とを分かつ指標の一つとなるものである。②は託宣・予言・卜占・治病行為などの呪術－宗教的役割を果たす際の基本的要件であり、③はシャーマンの精神・心理の性格であり、いわゆるトランス（trance＝変性意識状態）にかかわるものである。

　シャーマンが超自然的存在と直接交流する際に陥るトランスの内容解釈には、大別して「脱魂型」と「憑霊型」がみられる（佐々木［1980：22-41］）。前者は、シャーマンの魂が身体から離脱して他界などの超自然界に飛翔し、そこで神霊などと直接交流するとされるタイプで、「エクスタシー」（ecstasy＝脱魂）と呼ばれる。それに対して後者は、シャーマンの身体に神霊などを憑依させるかたちで直接交流するとされるタイプで、「ポゼッション（possession＝憑霊）」と呼ばれている。前述のエリアーデは、エクスタシーをシャーマニズムの本質としてとらえていたが、その後の研究の進展のなかでポゼッションを含めてシャーマニズムを理解しようとする方向が定着してきている。どちらのタイプ（型）が優勢であるか、またそれらの共存や複合の度合いなどについては、シャーマンが活躍する社会の宗教文化と密接にかかわっているとみられる。日本では、シャーマンの成巫過程において「脱魂」体験を伝える事例が若干みられるものの、「憑霊型」が圧倒的な優位性を占めているとされる（佐藤［1998］）。

シャーマンの成巫過程

シャーマンがどのようにして呪術 - 宗教的職能者としての力能を獲得し、シャーマンになるのかという成巫過程に注目すると、「召命型」と「修行型」の2つに大別できる。前者は、あたかも神のお召しを受けるかのように、ある日突然神がかりに陥り、それを契機にシャーマン化するタイプである。これにはシャーマンになるための病、つまり巫病体験を伴うことが多いとされる。後者は、神がかりするテクニック（技術）を一定の修行体系に基づく実践によって体得するタイプである。この修行型は、集団で組織立って行われるものから、先輩のシャーマンが弟子に伝授するかたちのものまで含めてとらえておくことにしたい。また、巫病体験から修行に入るとか、宗教的な修行実践のなかで突然神がかりに陥るなど、召命型と修行型を構成する要素には、部分的に重なりあっていたり、入り組んでいたりしている点があることにも留意しておかなければならない。以下では、筆者が調査した召命型と修行型の具体的な事例をみていくことにしたい。

召命型

東京都青ヶ島村は伊豆諸島の最南端に位置する人口約200人の島である。この青ヶ島では、ミコ（巫女）と呼ばれる女性神役と、シャニン（社人・舎人）と呼ばれる男性神役が中心となって、さまざまな神祭りや神事が行われてきた（谷口［1987］）。

ミコになる女性は、若い時からミコケ（巫女気）とかカミケ（神気）といった、ミコになり得る資質をもつ場合が多いとされている。たいてい閉経期を迎える頃に「ダンシン」といわれる巫病状態に陥り、閉経後に「神ソーゼ」と呼ばれる成巫儀礼を行い、その儀礼のなかで神がかりすれば正式なミコとして認められる。ダンシンは乱心の訛った語とみられ、身体のしびれ、頭痛、耳鳴り、眠気、言動がお

写真 11-1　ミコ・シャニンの湯立（東京都青ヶ島）

写真 11-2　ミコ・シャニンの神楽舞（東京都青ヶ島）

かしくなるなどの症状を訴えることが多く、ミコになる女性が体験する特有の心身状態とみられている。この状態を先輩のミコに相談すると、神が憑きたがっているなどといわれ、神ソーゼの儀礼を行ってミコになることを勧められる。ミコになる条件を閉経後に限定している社会・文化的要因には、かつて青ヶ島では成人女性が月経の期間中に小屋に籠る習俗がみられたことや、月経の際に神祭りや神事などを避ける不浄観、さらに長男の結婚を契機にして隠居する慣行がみられ、この隠居世代が神祭りに重要な役割を担うといった

ことなどが作用していたと考えられる。神祭りは「読み上げ祭り」といわれ、神社でシャニンが太鼓を叩きながら種々の祭文を唱え、ミコが神楽を舞うというかたちで朝から真夜中まで行われる。成巫儀礼の「神ソーゼ」は、この「読み上げ祭り」とほぼ同じ構成で執行される。青ヶ島の祭文のなかで最も重視されている「君の名乗り」「君のあかち」の場面で、ミコの候補者は神がかりすることが求められている。成巫後は、年間相当の回数行われる神祭りにミコとして参加するとともに、個人的な依頼を受けて卜占・治病行為・口寄せなどを行い、島の人々にとってはなくてはならない存在としてみられてきた。このように巫病体験を経て、成巫儀礼で神がかりする青ヶ島のミコは、「召命型」のシャーマンとしてとらえることができる。

修 行 型　次に「修行型」については、福島県耶麻郡西会津町に鎮座する大山祇神社の登拝講で活躍するシャーマン的職能者の事例を取り上げることにしたい（谷口［2000］）。西会津町の大山祇神社は、通称「野沢の山の神」として知られ、大倉山（標高863メートル）の山岳信仰から発展した神社である。JR磐越西線の野沢駅から約4キロメートルの谷間にある大久保集落に遙拝殿が建ち、そこよりさらに約4キロメートル登った大倉山の北側山腹に本殿、そして本殿から約1キロメートル登った山頂近くに奥の院が祀られている。大山祇神社は、遙拝殿、本殿、奥の院という3つの社で一つの神社を構成しており、霊山に成立した三社形式の神社である。「野沢の山の神」に対する信仰は、近世末頃から流行神として広がり、現在のような社殿が整備されたのは明治30年代である。大山祇神社の参拝者は年間20万人を超えるといわれ、登拝のための同信者の講を組織して集団で参拝する人々も多くみられる。

写真 11-3　大山祇神社の遥拝殿（福島県西会津町）

信仰圏の広がりは福島・新潟・山形の３県にまたがり、関東地方の一部にも及んでいる。講の活動形態からみると、①太々神楽を奉納する講、②田植え終了時や刈上げ時に参拝する講、③シャーマン的職能者を擁する講、の３つに分けられる。①のタイプの講は、遥拝殿付属の神楽殿が1940（昭和15）年に焼失したのを契機に衰退し、戦後になっても復活されることはなかった。

　③のシャーマン的職能者を擁するタイプの講は新潟県にみられ、なかでも旧直江津市（現・上越市）には６つの信者集団が存在し、毎年「野沢の山の神」に集団で登拝している。これらの講の中心をなす職能者は、通称「カミサン（神様）」と呼ばれている。カミサンには女性がなるとみられているが、男性のケースも１例だけある。この男性の場合は、カミサンであった母親が亡くなった後、後継者の女性がいないために職能者になる道を選んだという。事実、カミサンの後継者がなく、すでに解散してしまった講もある。６つの登拝講は、いずれも明治初期に成立した教派神道系新宗教の神道修成派に属し、教会の看板を掲げて活動している。しかし、宗教活動の実態は「野沢の山の神」の登拝講であり、教団の教義を実践すると

いう性格のものではない。それは、東北地方のイタコなどの民間巫女が地域で活動するために、特定の教団から布教師資格や補任状などを受けているのと共通するものである。カミサンはそれぞれ代を重ねているが、その系譜の初代は、いずれも新潟市で神道修成派に属し、「野沢の山の神」を信仰して活動していた女性の指導を受けてカミサンになっている。その女性は1935（昭和10）年に70歳で亡くなるが、シャーマン的職能者として精力的に活動し、新潟県下の各地へ出張していたといわれ、直江津にも定期的に訪れていた。直江津では、昭和の初期に複数のカミサンが誕生している。

　カミサンになるための修行は、先輩のカミサンの指導に基づいて行われ、この指導のことを「手を取る」という。最初は水垢離で身を浄めてから大祓詞を読み上げたり、神道修成派の独特の八字の称号「修理固成光華明彩」を唱えたりして意識の集中力を高める訓練をする。これを数か月間行い、合掌して正座したままの状態で上下に跳躍して前に進めるようになるまで続ける。これを「お進み」と呼び、直進できるのがよいとされる。さらに訓練をして、「お口開き」ができるようにする。神霊が憑依することを「お身乗り」とか「神寄せ」などといい、神霊自身の言葉を話すことを「お口開き」という。この「お口開き」の訓練は、信者のさまざまな依頼に応えて託宣、予言、卜占などが行えるようになる段階まで続けられる。一人前のカミサンとして独立できるのは、修行を始めてから2年から3年の期間を要するといわれる。

　このようにカミサンの成巫過程は、大祓詞や八字の称号を繰り返し唱えることから始まり、お進み、お身乗り、お口開き、といったコースをとるのである。カミサンは、「神がかり」のテクニックを一定の修行体系に基づいて獲得する「修行型」のシャーマンとして

とらえることができる。

シャーマンの動向

シャーマンの成巫過程からみた分類案については、櫻井徳太郎が①職能伝習型、②入信修行型、③召命偶発型、という3類型を提示している（櫻井［2000：12-19］）。「修行型」を①と②の2つに分けているとみてよい。①は東北地方のイタコに代表され、目の不自由な女性が生計を得るために師匠に弟子入りし、修行の最終段階で成巫儀礼（「神憑け」など）を行うタイプである。②は精神的打撃や病気などの苦悩から脱するために、祈禱的性格をもつ教団などに入信して、修行を続けるうちに神霊の憑依を受けてシャーマンとなるタイプである。そして、③は沖縄地方のユタにみられるように、偶発的な契機でカミダーリィなどといわれる巫病に陥り、やがて神霊の啓示を受けて成巫するタイプである。

このシャーマンの3類型をふまえて、櫻井は現在的な視点からそれぞれのタイプの性格付けを行っている。すなわち、①の職能伝習型は後継者がいないなどの理由で衰退傾向がみられるのに対し、②の入信修行型と③の召命偶発型は今日でも再生産され、都市においても活躍がみられるタイプであるという。そして、「召命偶発型は、霊媒者としての性格こそ濃厚に具有するけれど、それは没個性的であるが故にシャーマン的な職能を果たすだけで終ってしまう」のに対し、「入信修行型のシャーマンは事の次第によっては新しい宗教の教祖になりうる、そういう可能性を十分に具備するものが多い」ことを指摘している（櫻井［2000：18-19］）。むろん、シャーマンの活動は個人の資質や能力と深くかかわっているので、その実態については個々のケースで違っているが、成巫過程がシャーマンの性格と関連性をもっているという指摘は、シャーマンの動向を考えるうえ

で一つの示唆を与えてくれるものといえる。

シャーマニズム研究の視界　シャーマンは地域社会の民俗信仰と密接なかかわりをもって活動しているので、死者祭祀や祖霊信仰、神仏に対する信仰、山岳信仰、民間医療、現世利益などとの交渉がさまざまなかたちで行われてきた。たとえば、東北や沖縄地方で、未婚の男女の夭死者や離婚後に実家で亡くなった女性を慰霊供養するために、両親や近親者が特定の神社や寺院に婚礼の場面を描いた絵馬や花嫁・花婿人形を奉納したり、遺骨を合葬したりする死霊結婚が行われている。これはシャーマン的職能者の関与によって広がった信仰である。また、地域社会に神職、僧侶、修験者などの複数の宗教者が存在している場合、シャーマンとほかの宗教者との共存や交流などのあり方にも興味深いものがある。宗教的機能の役割分担にとどまらず、神職や僧侶でありながらシャーマン的職能者でもあるケースや、修験者と巫女が結婚して活動するケースなどもみられるのである。また、修験者が憑坐といわれる霊媒に神霊を憑依させて問答をしたり託宣を聞いたりする憑祈禱をはじめ、木曾御嶽山を崇拝する御嶽行者が中座と前座の組合せで行う「御座立て」の儀礼、シャーマンの補佐役等をつとめる「サニワ（審神者）」の問題なども、日本のシャーマニズムを考えるうえで重要な点である。それから、神霊が人に憑依するという問題では、動物霊などが特定の人や家に取り憑くとされる「憑きもの」もシャーマニズムと関連する信仰である。実際、憑依している霊を特定したり、取り除いたりする儀礼にシャーマン的職能者が関与してきた。このようにシャーマニズムは、日本の民俗信仰の多様性を炙り出す重要な宗教および民俗文化の一つであるといえよう。

■ 引用文献

櫻井德太郎　1966年「巫女とシャーマン―日本民族信仰研究の一試論―」『日本民俗学会報』第43号、1-28頁

櫻井德太郎　1988年『日本シャマニズムの研究（上）』（櫻井德太郎著作集　第5巻）吉川弘文館

櫻井德太郎　2000年「現代シャーマニズムの行方―その情勢と動向―」櫻井德太郎編『シャーマニズムとその周辺』第一書房、1-43頁

佐々木宏幹　1980年『シャーマニズム―エクスタシーと憑霊の文化―』中公新書

佐佐木信綱校訂　1933年『新訂 梁塵秘抄』岩波文庫

佐藤憲昭　1989年「戦後日本におけるシャーマニズム研究―シャーマンの性格と特質をめぐって―」『文化人類学』第6号、アカデミア出版会、22-41頁

佐藤憲昭　1998年「シャーマニズム」佐々木宏幹ほか監修『日本民俗宗教辞典』東京堂出版、235-237頁

谷口貢　1987年「青ヶ島のシャーマニズム」『文化』駒澤大学文化学教室、185-207頁

谷口貢　2000年「シャーマン（巫者）と成巫過程」櫻井德太郎編『シャーマニズムとその周辺』第一書房、65-79頁

中山太郎　1969年『日本巫女史』八木書店

堀一郎　1951年「口寄せ巫女へのアプローチ」『民間伝承』第15巻12号、2-15頁

堀一郎　1971年『日本のシャーマニズム』講談社現代新書

民俗学研究所編　1955・1956年『改訂 綜合日本民俗語彙』第1～5巻、平凡社

本居宣長撰、倉野憲司校訂　1941年『古事記伝（二）』岩波文庫

柳田国男　1999年「巫女考」『柳田國男全集』第24巻、筑摩書房、150-214頁

■ 参考文献

櫻井德太郎　1988年『日本シャマニズムの研究（上）』（櫻井德太郎著作集　第5巻）吉川弘文館

櫻井德太郎　1988年『日本シャマニズムの研究（下）』（櫻井德太郎

著作集　第6巻）吉川弘文館

佐々木宏幹　1992年『シャーマニズムの人類学』講談社学術文庫

佐々木宏幹編　2007年『民俗学の地平―櫻井徳太郎の世界―』岩田書院

ミルチア・エリアーデ著、堀一郎訳　2004年『シャーマニズム―古代的エクスタシー技術―（上・下）』ちくま学芸文庫

12

俗信と心意現象

常光 徹

柳田国男・民俗資料の三部分類

現在、「俗信」という用語は、兆（予兆）・占（卜占）・禁（禁忌）・呪（呪術）を中心に、民間療法・妖怪・幽霊に関する伝承を含んで用いられる場合が多い。「カラス鳴きが悪いと誰か死ぬ」（予兆）、「蹴り上げて落ちた下駄が表だと晴、裏返ると雨」（卜占）、「夜、爪を切ってはいけない」（禁忌）、「霊柩車をみたら親指を隠せ。隠さないと親が死ぬ」（呪術）といった例からもわかるように、身近な生活の一コマをすくい取りながら、比較的短い言葉で表現される内容が大部分を占めている。平生は気に止めていないようでも、いざとなると意外に気にかかるのが俗信で、日常の具体的な場面で影響を及ぼしていることが少なくない。

俗信研究の道を拓きその意義を説いたのは柳田国男である。柳田は、1934（昭和9）年に出版した『民間伝承論』や翌年出した『郷土生活の研究法』で、民俗資料の分類についてヨーロッパでの先行例を紹介しつつ、三部分類案を示した。分類の意図については『郷土生活の研究法』で、次のように述べている。

　最初に眼に訴えるものをもってくる。これならどんな外国人や他所者でも、注意しさえすれば採集することができるから、論理の上から言っても第一におくべきものであろう。次には言うまでもなく耳を通

して得らるるもの、そうして第三には見たり聞いたりしただけでは、とうていこれを知ることのできない、単に感覚に訴えるもの、となるのが自然であろう。
(柳田 [1967：97])

このように、眼に映ずる資料を第一部とし、耳に聞こえる言語資料を第二部に、心意や感覚に訴えて理解できるものを第三部に入れて、次のような分類構成をしている。

第一部　有形文化（1 住居・2 衣服・3 食物・4 資料取得方法・5 交通・6 労働・7 村・8 連合・9 家 親族・10 婚姻・11 誕生・12 厄・13 葬式・14 年中行事・15 神祭・16 占法 呪法・17 舞踏・18 競技・19 童戯と玩具）
第二部　言語芸術（1 新語作成・2 新文句・3 諺・4 謎・5 唱えごと・6 童言葉・7 歌謡・8 語り物と昔話と伝説）
第三部　心意現象（1 知識・2 生活技術・3 生活目的）

第三部は第一部、第二部とは異なり「知識」「生活技術」「生活目的」に分けている。これは「知識」に基づいて「生活技術」（手段と方法）を駆使し、人は何のために生きているのかという「生活目的」を解明することがねらいであった。心意現象は、ものの見方や感じ方、心のくせ、幸福観や好き嫌いの感情など精神活動の広い領域を指しており、柳田は、こうした心意現象の解明がこの学問の目的であるとさえいっている。

■心意現象と兆・応・禁・呪　柳田は、まず「知識」には批判的知識と推理的知識があると説き、推理的知識に「兆」と「応」という概念を設定した。「カラス鳴きが悪いと近いうちに誰か死ぬ」というのは兆で、「親が死んだ。そういえばあのときカラス鳴きが悪かった」と結果から原因を求めるのが応である（柳田は兆と応を時間の前後関係ととらえて、応は結果から「原因」を推理することだと説いてい

るが、推理するのは「原因」ではなく「兆し」である)。「生活技術」では、現在までに残っている昔からの生活技術の意味を明らかにすることによって、前代の人々の人生観がわかるのではないかと述べ、その手段・方法としての「呪(呪術)」と「禁(禁忌)」に注目した。呪術の性格については「まず呪はそういう兆候があってから、これを封じてワザハイをなくしようとするもの、即ちそういうことがやって来られては困るというものと、既に来てしまってからなくしようとするもの、たとえば病気になってからそうさせた原因のあるものを除こうとするものとがある」(柳田[1967：234-235])と説明している。そして生活技術としての呪に注目する意義について次のように発言している。

> 我々の知識と技術の結びつきはきわめて緊密であった。今残っている以前の技術のなかには、その基礎となっていた知識は消えてしまって、何のことだか解らずに、ただ技術のみが惰性でもってわずかに残っているものが多い。これによって前代の人生観が分ると思うのである。即ち私たちがこうして一つ一つの技術を注意してみようとするのは、その基礎をなす知識であるところの、世の中の見方がどうであったかを、知ることに目的があるのである。　　　　　(柳田[1967：236])

呪は災いを防ぎ除去するための生活技術であるが、ただ、そのようにすることで何ゆえ効果がもたらされると考えたのか、その裏付けとなっていた知識は消えて、技術としての呪のみが伝承されている場合が多いという。呪術を深く意識する向こうに柳田が見据えていたのは、呪を意味付ける基礎としてあった前代の人生観、世のなかの見方を知ることであった。柳田のこの考え方は、俗信と心意の問題を考察するうえで大切な指針を示しているといってよい。また、禁については、「為てはいけない」という不行為で、予想される災

害に対して呪の代わりに用いられたと述べ、禁忌は郷土の人以外にはなかなかわからないことだから、郷土人自身によって研究されなければならないと強調した。「夜、爪を切ってはいけない。もし切ると親の死に目にあえない」といったように禁忌にはそれを犯した際の制裁を伴っている場合が少なくない。柳田は、昔の人が何をもって幸福と考えていたかは禁忌との関係によって見当がつくのではないかと予想していた。つまり、禁忌に伴う制裁を反転させれば、そこに人々が何を幸せと感じていたのかがわかるのではないかと考えたのである。

「知識」と「生活技術」を通して明らかにしようとした「生活目的」とは、その時代の知識・社会観・道徳などを知り、人々は何を目当てに生きていたかを明らかにすることで、「だいたいに人は幸福とか家を絶やさぬといったようなことを目当てに生活をしたのではなかろうか」(柳田［1967：243］)と述べている。

柳田は、「知識」「生活技術」「生活目的」について解説するなかで、心意現象にかかわるさまざまな課題を想定している。彼はそれらを分析し解明していく概念として兆・応・禁・呪を見出したといってよいだろう。そして、心意現象にかかわる諸事象を俗信と呼んだ。『北安曇郡郷土誌稿　年中行事篇』第3輯で「心理上の諸事実を一部とし、不十分ながら之を俗信などと名づけている」(長野県北安曇教育会［1979：4］)と述べている。ただ、「不十分ながら」という言葉を添えているように、心意現象の多様な可能性を表現する語として使用することには不安も抱いていた。

「俗信」の意味と変遷

ところで「俗信」という語だが、その出自についてはよくわかっていない。柳田国男は、「俚諺と俗信との関係」と題した論文で「元来が俗信という語は突嗟の訳字

であって」(柳田 [1932:24]) と記しているがそれを裏付ける具体的な記述はない。その後、今野円輔 (1914-1982) は「俗信という言葉は、スーパースティションを含めたポピラービリーフの訳語であって国民一般がふつうに信じ行なっていること、といった程度の意味である」(今野 [1980:56]) と述べ、井之口章次も『日本の俗信』のなかで、superstitionが原語と思われると指摘して、同様の見解を示している (井之口 [1975:21])。一方、『日本俗信辞典』を著した鈴木棠三(とうぞう) (1911-1992) は、解説で「俗信という熟語は、諸橋氏『大漢和辞典』には載っていない。中国では使用されていなかったものと見える。恐らく、『俗間信仰』などを縮約した近代の造語なのであろう」と述べている (鈴木 [1982:24])。また、古家信平は「俗は雅に対する語であるが、俗信という用例は漢語にもなく、この用例は柳田国男による造語と思われる」と柳田の関与を示唆している (古家 [1999:980])。「俗信」の語が誕生したのはおそらく明治期ではないかと推測されるが、この語の成立の経緯については今後の課題である。

新しく登場した「俗信」という語はその後どのような意味を帯びて使われてきたのだろうか。1913 (大正2) 年に創刊された民俗学の専門月刊誌『郷土研究』を開いてみよう。1巻2号 (1913年4月) から南方熊楠(みなかたくまぐす) (1867-1941) の「紀州俗伝」の連載が始まっている。俗伝とは、俗間に言い伝えられていること、世間の言い伝えの意味(『日本国語大辞典』)だが、南方は紀州の民間伝承をこの名称を用いて紹介しており、ここには禁忌や呪いなどが数多く含まれている。ほかにも、「俚諺俚伝」「禁厭(きんえん)」「雑俎(ざっそ)」「言い習わし」などの語のもとに兆・占・禁・呪にまつわる伝承を紹介している。では、「俗信」はどうだろうか。「俗信」の語は1巻3号 (1913年5月) に桜井秀が報告した「俗信雑記」が最も早い。桜井はその後も同じ題名で文章

を書いているが、その内容は、中世の記録や作品を用いた古文献による考証であって、禁や呪に関する記述はみられない。また、この雑誌の編集者であった柳田国男は、2巻8号（1914年10月）から禁忌に関する資料の紹介と募集を始めるが、これを俗信とは呼ばずに「言習はし」といっている。

その後、民俗学関係の月刊誌『旅と伝説』の1巻10号（1928年10月）にも、茂野幽考「南島の俗信と伝説」（33-36頁）が掲載される。「俗信」の語が用いられているが内容は伝説や神話に関する話である。青森県八戸地方を中心に発行された地方新聞「奥南新報」は、興味深い民俗事象を数多く紹介していることで知られるが、1929（昭和4）年の3月から4月にかけて掲載された「八戸地方の俗信（一）、（二）」（青森県［1998］）と夏堀謹二郎が報告した「俗信さまざま（一）、（二）」（青森県［1998］）は、「俗信」の名のもとに兆・占・禁・呪に関する短い表現の伝承を集めたもので、現在の俗信資料の報告と変わらない。

この問題、つまり「俗信」と兆・占・禁・呪との関係について、鈴木棠三は、『旅と伝説』4巻10号（1931年10月）の小野秋風の採集報告「人体俗信集」や、6巻3号（1933年3月）に一挙に掲載された「備後の俗信」「鳥取県の俗信一束」「房総地方の動物に関する俗信」「埼玉県越谷地方の俗信」に注目し、これらが禁忌を主とする採集報告であることから「『俗信』概念がほぼこの頃から固定したと見うる」と述べている。そして、この動向に大きな影響を与えたと思われるのが、1932（昭和7）年に信濃教育会北安曇部会が蒐集編纂した『北安曇郡郷土誌稿　俗信俚諺篇』第4輯であったという（鈴木［1982：31-32］）。

「俗信」の語はいろいろな意味で使用され、また、兆・占・禁・呪

に関する伝承も多様な名称で紹介されていたことがわかる。「俗信」という語が、主に兆・占・禁・呪に関する伝承を意味する用語として広く使用され定着するようになったのは、鈴木が指摘するように1931（昭和6）～1933（昭和8）年頃ではないかと思われる。

■ 曖昧な俗信概念　　心意現象を探る方法としての俗信の重要性は早くから意識されてきたが、必ずしもそれに見合った成果が蓄積されてきたわけではない。大きな要因は俗信概念の曖昧さであろう。柳田国男が見出した兆・応・禁・呪のうち「応」についてはその後「占」に代わり現在に至っている。1942（昭和17）年に柳田が関敬吾（1899-1990）と共著で出した『日本民俗学入門』の質問項目では兆・占・禁・呪となっている（柳田・関［1942：430-459］）。兆と応は表裏の関係にあり、結果から兆しをたどる場合でも実際には兆のかたちで表現されることが多いという発想に基づくものかも知れないが、ただ、応に代わって生活技術である卜占が入った理由は定かでない。

　俗信について系統的に整理し理論的な枠組みを最初に示したのは井之口章次の『日本の俗信』である。井之口は、俗信は古い信仰や呪術が退化し断片化したものとするそれまでの一方向的なとらえ方を否定し、俗信と信仰とが密接にかかわりながらも、ともに共存する関係を説いた。井之口は俗信を「超人間的な力の存在を信じ、それに対処する知識や技術」と規定し、その種目については兆・占・禁・呪・妖怪・憑物を含めた（井之口［1975：4］）。この定義はこれまで俗信とみなされてきた事象を包摂しているが、しかし、人間社会を超えた外界に対する人間の働きかけすべてを含み、「俗信」だけの属性を示しているわけではないとの指摘がある（小嶋［1983：43-44］）。

　俗信研究の停滞の理由として、真野俊和は、その範囲が茫漠とし

ているうえに種類が多岐にわたっていて、統一的な理解が困難になっている状況を指摘している。真野は、『日本民俗事典』（大塚民俗学会編）などにおいて、俗信の領域を兆・占・禁・呪および諺・唱え言・幽霊・妖怪を含むとしていることの矛盾について、「諺・唱え言・幽霊・妖怪などはいわば資料の存在形態を指し示しているのであり、それに対して前者はむしろ習俗の機能性に着目した領域規定であるといってよい」と述べている（真野［1976:249］）。確かに、兆・占・禁・呪の4つの機能は、産育・婚姻・葬送・年中行事・祭礼等々あらゆる領域に存在するものであり、その意味では葬送習俗とか年中行事などと分類されるような独自の領域というものはないといってよい。真野は柳田が兆・占・禁・呪を設定した意図について「彼は俗信の研究領域を決めようとしたのではなく、人々の心意（中略）を分析し構造化し記述するに当たっての道具概念として、習俗の四つの機能を見出したのである」と説明している（真野［1976:253］）。

兆・占・禁・呪の機能性に着目し、実態としての俗信の範疇を設定することの困難さを説いた真野の考え方は俗信とは何かを考えるうえで重要な指針になると思われる。しかし実際には、これまで、俗信は民俗をさまざまに分類する時の範疇の一つであるかのように扱われてきた。ある民俗事象が俗信か否かを区別する時に判断に迷う場合が少なくない。この点について、小嶋博巳は、個々の事象が範疇の境界に位置することから生じる曖昧さであるよりも、われわれの範疇の立て方そのものの不安定さに由来すると指摘した。小嶋は、俗信か否かを区別する指標として、①非体系性、②呪術的性格（個人的・臨時的・道具的・操作的・非情緒的性格）、③非権威的・周辺的性格、という3つの特徴を挙げている。そして「〈カラス鳴きが悪

いと人が死ぬ〉という言い伝えやモノモライに罹った時に井戸にダイズを落とす呪いなど『俗信』という語からただちに思い起こされる伝承の数々は、これら三つの特徴のいずれをも兼ね具えており、そのゆえに、『俗信』とすることに異論がない。それに対して、指標の一部のみを充たすものについては、それを『俗信』とみる立場とそうでない立場とがありえたわけである」と述べている（小嶋［1983：50］）。

俗信の論理と世界観

多様な領域を横断する俗信は、一行知識にもたとえられるように短い言葉で表現される場合が多く、それが、非体系的、断片的とみなされてきた大きな原因の一つといってよい。しかし、俗信が断片的なものだとしたら、広範囲に分布し伝承されているのはなぜだろうか。この問題について福澤昭司は「一見して非体系的・断片的に思われる文化要素であっても、深層的には体系的であり、そこに個人を超えて共有される論理や感情があって、はじめて伝承されていくのではないか」と述べて、長野県におけるものもらい（麦粒腫）の呪いを取り上げて、伝承の背後に横たわる論理や病気観を明らかにした（福澤［1987：42-64］）。吉成直樹は、高知県沖の島の漁師の間で伝承されている、出産は不漁、人の死は豊漁をもたらすという俗信を分析し、人間の生死に際して魚と人間の生命がこの世と他界の間で交換されるという、漁師たちが抱いていた世界観を浮き彫りにしている（吉成［1996：5-46］）。こうした視点は、柳田国男が俗信を研究する意義として、たとえば、生活技術としての呪いの背後にあってその裏付けとなっていた前代の人生観や世のなかの見方を知ることだといったことと通底する。板橋作美は、俗信を語る時にしばしば使われる非体系性や断片性、非論理性といった特徴について、それは俗信自体の特徴

ではなく、研究者自身が非体系的、断片的にしかみることができないためだといい、俗信は文化の論理を表現したものと考える立場から、文化記号論の方法を駆使して体系的、論理的な俗信のしくみを明らかにした。なかでも、俗信の因果関係について「俗信が言っている関係は、本質的には換言関係であり、因果関係であるにしても共起的因果関係（「何々することは、何々をすることに等しい、何々することと同じようなものだ」）であるか、または（文化的な）論理関係をいっているのであり、物理的な原因と結果としての因果関係ではなく、せいぜい擬因果関係または偽因果関係であると考えられる」と新しい見解を提示している（板橋［1998：135］）。

霊柩車と親指

人々の心意を探る民俗学的な方法として兆・占・禁・呪が概念化されて以降、それらにかかわる伝承の諸相がさまざまなかたちで蓄積されてきており、今日、その資料は膨大な量に達している。現代社会のなかで俗信に関する伝承が衰退しつつある傾向は否めないが、しかし一方で、俗信は時代とともにしたたかに変容し新たな生命力を獲得しながら、時には新種の俗信の誕生も珍しいことではない。俗信が私たちの身辺からなくなることはないだろう。ここでは、一つの例として「霊柩車を見たら親指を隠せ」という現代の呪いを取り上げて、親指を隠すことの民俗的な意味を考えてみよう。

「霊柩車を見たら親指を隠せ」という呪いは広く知られている。1995（平成7）年に大学生を対象にアンケートを実施したところ、協力してくれた230名のうち8割強の学生がこの俗信を知っていた。そうしないと「親が早死にする」とか「親の死に目にあえない」などといい、自分と親との間に不幸な事態が発生するかも知れないという心理が働いているようだ。霊柩車以外にも救急車、葬列、お墓

写真12-1　宮型霊柩車（写真提供：東礼自動車株式会社）

などを挙げた学生もおり、何らかの不安や不吉な予感を誘うものがこの俗信の対象になっていることがわかる。

　わが国で霊柩自動車がはじめて運転されたのは、大正時代の前半だという。当然「霊柩車に出会ったら」とか「霊柩車をみたら」という表現は、それより前に遡ることはない。遺体を運ぶ自動車である霊柩車に出会うのは、言葉を変えれば「葬列に出会ったら」というのと同じである。親指を隠すしぐさは江戸時代の記録にもあり、この俗信そのものは霊柩車の登場以前から行われていたといってよい。明治以降に肥大化した華美な葬列は、交通機関の発達に伴う都市の生活環境の変化という要因も手伝って、大正期に入ると衰退していく。霊柩車の登場はそれまでの葬列の形態に大きな変化をもたらした（井上［1990：67-156］）。特に、都市部では従来の葬列に代わって霊柩車をみかける機会が増えるにしたがい、この呪いの対象が霊柩車に移っていったと推測される。

狙われる親指

親指を隠すしぐさは、霊柩車や葬式に出会った時だけでなく、かつてはさまざまな場面で行われていたようだ。二、三例を挙げてみよう。

(a)　厄病を除けるには、病人の戸間口に入るとき、両手とも親指を中

にして握って入り、「棟が九つ戸が一つ、わが行く先は柊の里」と唱える（長野県）。
(b) 夜道をひとりで歩くとき、寂しくないように、
　　やぐもたつ　やぐもつまごめやえがきを
　　やえがきつくるそのやえがき
　　あびらおんけんそわか　あびらおんけんそわか　あびらおんけんそわか
親指が害をするので、親指を中に入れて手をにぎって、うたいながら歩いた。そうすると、寂しくない。（群馬県）

(吉沢ほか [1979：186])

(c) 怖い犬、ことに山村で出合った時は、まことに猛々しいもので足元まで吠えついてくる。このとき、両手の親指を中に拳を握りしめ、またたきせずに犬の眼を凝視すると、不思議に犬は後退する。（秋田県）

(野田 [1974：22])

(a)の資料は、『北安曇郡郷土誌稿』第4輯に記録されているが、かつての人々の病に対する意識の一面をよく示している（信濃教育会北安曇部会 [1932：200]）。病は、疫病神に取り憑かれたり、目にみえない邪悪なモノが身体に忍び込んで引き起こすとされた。ここでは、そうしたモノが滞留しているかも知れぬ場所に足を踏み入れる時には、親指を握り隠していれば害を受けないですむというのであろう。「棟が九つ」の呪い歌もこのような場面でしばしば唱えられる魔除けの一種である。秋田県北秋田郡や鹿角郡で「病人の家の前を通る時は、親指を隠して通ると伝染しない」といい、同県雄勝郡でも「伝染病のある家の前を通る時は手を握って通ると伝染しない」というのも同じである。

夜間に家の外を出歩くのも危険な行為と考えられていた。(b)の例では、寂しくないように親指を隠すと説明されているが、そもそも、昼間と違って夜は神霊の支配する時間帯であり、災いを及ぼす魔物やえたいの知れぬモノにいつ遭遇するかも知れない恐れがあった。

夕暮れ時をオウマガドキ（逢魔が時）などと呼ぶのも、人間の時間が退潮し魔性のモノたちが出没し始める境界の時間の危うさをよく表している。

柳田国男は『妖怪談義』のなかで「黄昏に途を行く者が、互いに声を掛けるのは並みの礼儀のみでなかった。言わば自分が化け物でないことを、証明する鑑札も同然であった。佐賀地方の古風な人たちは、人をよぶときは必ずモシモシといって、モシとただ一言いうだけでは、相手も答えをしてくれなかった。狐じゃないかと疑われぬためである」と、化け物に対する警戒心のあったことを述べている（柳田［1977：19］）。夜道を歩く時には親指を隠せという伝承の背後には、日没後の外出に対する人々の不安が横たわっている。秋田県山本郡では「夜道を歩く時、親指を中にして手を握っていると狐に化かされない」という。人に取り憑く狐狸の類から身を守るにもこのしぐさは有効だったとみえる。

この呪的なしぐさは、霊柩車、葬式、墓、疫病神、夜道、猛犬などさまざまな場面で行われてきた。いずれにも共通しているのは、何らかの意味で恐怖を感じる場面に遭遇したり、あるいは、不安な状況に足を踏み入れた時、降りかかってくるやも知れぬ災禍を未然に防ぐねらいがこのしぐさには込められている点である。

親指を隠す理由　明治のはじめ頃コレラが流行した時、次のような呪いが広まったという。

　コレラはキツネが憑いて起こる病だから、憑かれないようにするには男は左、女は右の手足の親指を糸でくくればいいと囁かれた。町なかで歩く人々の十人に五、六人ぐらいは、実際に親指を糸でくくっていた。
（八岩［1995：157］）

19世紀後半には何度かコレラの流行に見舞われた。その度にさまざまな噂が飛び交いコレラ封じの呪いが行われた様子は、当時の新聞記事にもみえている。狐がコレラをもたらすというのもその一つであったようだ。「手足の親指を糸でくくればいい」とあるのは、親指が狐に象徴される邪霊の侵入口と信じられていたことと関係していると考えられる。和歌山県伊都郡高野口町（現・橋本市）では「親指をなかにして手を握っていると狐にだまされない。魔物は親指の爪の間から入る」という。巷の噂や各種の秘伝秘法を書き留めた津村淙庵（1736-1806）の『譚海』（1795〔寛政7〕年の自跋）には、狐を使って憑きものを落とす日蓮宗中山相伝の加持の場面を「しばらくして左の大指の爪の間よりは入る物あり、小き蛛ほどの様なる物、ひな〳〵と脈所まで入たりと覚えたれば、さてこそ狐は入らんとするなれ」とリアルに行法の実見を描写している（早川［1917：354］）。狐のような霊的なモノが親指に取り憑きそこから体内に侵入するとの観念の形成には、憑きもの落しをはじめ悪霊払いに活躍した祈禱師など、民間の宗教者の関与が大きかったに違いない。やはり江戸時代の小山田与清（1783-1847）の『松屋筆記』には、左右の親指の爪の間から魂魄が出入りするので、畏怖すべきことがあれば親指を握り隠すと記されている。この部分が霊的なモノとの最初の接触部分であり、その侵入口と意識されていたからであろう。

■ **親指の連想**　親指を隠すしぐさは「親を隠す」つまり自分の親を守るためとの解釈をよく耳にするが、これはもとの意味、なぜ親指を隠すのかということが忘れられた結果、新たにいわれるようになった説明であろう。倉石忠彦が、指の呼び方について「親指はその太さからの連想であろうが、その背後には指を人、あるいは家族になぞらえようとする意識が存在している」（倉

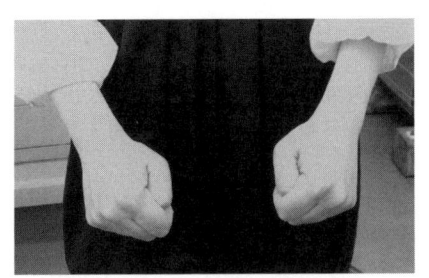

写真 12-2　両手の親指を同時に隠す

石［1999：4］）と述べているように、「親が早死にする」とか「親の死に目にあえない」などと、もっぱら親の命を心配するのは「親指」から「親」を連想したためだと思われる。

「親指」という呼び名は近世にもみられるが、しかし、一般的には「大指」といった。指の呼称は地方によっていろいろだが、1910（明治43）年発行の『尋常小学読本』巻4には「手ノユビ」と題して、オヤユビ、ヒトサシユビ、ナカユビ、クスリユビ、コユビの名前を紹介している（海後［1963：60］）。

これだけで即断はできないが、「親指」の呼称は学校教育の場を通して一般化していった可能性は予想できる。もともと親指を隠すのは、親のためを思ってそうしたのではなく、何らかの邪悪なモノを予感した場面で、自らの身体に害が及ぶのを絶つ意図のもとに行われてきたといってよい。「霊柩車を見たら親指を隠せ」というさりげないしぐさの背後にも、親指という身体をめぐるさまざまな意識や歴史を垣間見ることができる。

■ 引用文献
青森県環境生活部県史編さん室　1998年『奥南新報「村の話」集成（上）』青森県

12　俗信と心意現象

板橋作美　1998年『俗信の論理』東京堂出版

井上章一　1990年『霊柩車の誕生（新版）』朝日新聞社

井之口章次　1975年『日本の俗信』弘文堂

海後宗臣　1963年『国語(4)』（日本教科書大系近代篇　第7巻）講談社

倉石忠彦　1999年「小指の思い出―指の伝承―」『日本文學論究』58、國學院大學國文學會、1-12頁

小嶋博巳　1983年「『俗信』覚書―概念の再検討にむけて―」『民俗学評論』23、大塚民俗学会、38-52頁

今野円輔　1980年「文化遺産と迷信」迷信調査協議会編『日本の俗信2―俗信と迷信―』洞史社、44-74頁（初版は1952年に技報堂から出版）

信濃教育会北安曇部会　1932年『北安曇郡郷土誌稿』第4輯、郷土研究社

真野俊和　1976年「兆・占・禁・呪―俗信の民俗―」櫻井徳太郎編『信仰伝承』（日本民俗学講座　3）朝倉書店、243-261頁

鈴木棠三　1982年『日本俗信辞典』角川書店

長野県北安曇教育会　1979年『北安曇郡郷土誌稿　年中行事』第3輯（初版は1931年に郷土研究社から出版）

野田三郎　1974年「親指の呪力」『西郊民俗』66、西郊民俗談話会、22-23頁

早川純三郎編　1917年『譚海』国書刊行会

福澤昭司　1987年「病と他界―長野県内の麦粒腫の治療方法の考察から―」『日本民俗学』第172号、日本民俗学会、42-64頁

古家信平　1999年「俗信」福田アジオほか編『日本民俗大辞典（上）』吉川弘文館、980-981頁

八岩まどか　1995年『匂いの力』青弓社

柳田国男　1932年「俚諺と俗信との関係」信濃教育会北安曇部会『北安曇郡郷土誌稿　俗信俚諺篇』第4輯、郷土研究社、1-30頁

柳田国男・関敬吾　1942年『日本民俗学入門』改造社

柳田国男　1967年『郷土生活の研究』筑摩書房（初版は1935年に『郷土生活の研究法』と題して刀江書院から出版）

柳田国男　1977年『妖怪談義』講談社学術文庫

吉沢和夫ほか　1979年『藤原の民話』民話の研究会

吉成直樹　1996年『俗信のコスモロジー』白水社

■ **参考文献**

市島謙吉編輯　1908年『松屋筆記』国書刊行会

桂井和雄　1973年『俗信の民俗』岩崎美術社

関一敏　1996年「俗信論序説」『族』27、筑波大学歴史人類学系民族学研究室

常光徹　2006年『しぐさの民俗学―呪術的世界と心性―』ミネルヴァ書房

東北更新会秋田県支部　1939年『秋田県の迷信・俗信』

宮田登　2006年『俗信の世界』（宮田登日本を語る　4）吉川弘文館

宮本袈裟雄　1983年「心意の民俗」宮田登・福田アジオ編『日本民俗学概論』吉川弘文館

最上孝敬　1973年「呪の有効性」『西郊民俗』65、西郊民俗談話会、1-3頁

柳田国男　1934年『民間伝承論』共立社

13 現代社会と民俗信仰

松崎憲三

| 社会変動と民俗信仰 | 民俗学は、日常の生活文化に焦点をあてるという性格上、どうしても過去の固定

した観念や静的な構造を扱う学問と考えられがちであるが、その出発点から社会変動と深くかかわっていた。「明治期以降、いわゆる文明開化と呼ばれ、あるいは西欧化、近代化と呼ばれ、社会や生活が大きく変化するなかから出発し、伝承文化・民俗文化に注目しつつその学的体系を整えて来た」のが民俗学にほかならない(倉石[1998])。念のために近代以降の変化についてみると、まず明治維新による西欧化・近代化、明治後期の殖産興業政策に伴う都市と農村の変貌が挙げられる。さらには大正デモクラシーによる変化、第二次大戦後のアメリカ文化の流入や昭和30年代から40年代にかけての高度経済成長を契機とする生活様式の一変等々である。とりわけ高度経済成長に伴う変化はドラスティックであり、そのため生活革命とさえ呼ばれた。すなわち、生産・流通・消費システムの大規模な変革によって、社会関係や個々人の価値観・行動様式に著しい変化をきたし、一方情報化の進行とともに過疎化・過密化、あるいは国際化や多文化社会化が進み、生活様式も大幅な変更を余儀なくされたのである。

ちなみに、ここに挙げたような社会変動期にはさまざまな神仏信仰が流行し、また新宗教教団が雨後の筍のごとく生み出された。新宗教のうち、近世末期から明治初期にかけて成立した教団としては天理教、黒住(くろずみ)教などがあり（第1期）、少し遅れて明治後期に大本(おおもと)教が創立された（第2期）。最も大きな勢力を築いた教団は、大正末期から戦後にかけて成立したもので、ひとのみち（後のPL教団）、立正(りっしょう)佼成会、創価学会、真如(しんにょ)苑などがある（第3期）。また1970（昭和45）年以後に主な発展期を迎えた教団には崇敬真光(すうけいまひかり)、オウム真理教、統一教会などがあり、これら第4期のそれは特に「新々宗教」と呼びならわされている（島薗［1998］）。なお、第3期までの新宗教は「貧・病・争」からの救済や「世直し」を約束し、新しい精神共同体や確固とした生活規律・価値観を提示することで多くの人々を惹き付けた。しかし第4期のいわゆる新々宗教は、若者の信者が多いのも特徴だが、心の浄化・向上や平安の回復、さらには神秘的な体験の獲得や超能力の開発を強調するものが多い。いずれにしても、新宗教・新々宗教は、民俗信仰の影響を受けたり、神道(しんとう)や仏教等の教義の折衷あるいは一部の強調によって、既成教団がもたらした環境のなかから成立している。こうして社会変動期に登場した教団は、庶民の不安解消、生活の方向付けに一定の役割を果たしてきたのである。

　一方、社会不安や社会変動を背景に、何がきっかけか不明のまま突如として流行り出し、それも束の間のことですぐにおさまってしまうという神仏が、歴史的にみていく度となく発現しており、これを流行神(はやりがみ)という。近世初頭に中部・東海地方に頻発した鍬神(くわかみ)信仰は、伊勢神宮の御師(おんし)が神々の種下しに使ったという鍬を神体として、村から村へと送りながら踊り歩くというものであった。豊穣を祈願する一種のオルギッシュダンスであり、江戸幕府崩壊前夜の世直し踊

り「ええじゃないか」に通ずるものがある。もう一例挙げるならば、時代的にはずっと下るが、第二次大戦時、八幡八社参りや千社参りに代表される武運長久祈願、千人針に象徴される弾丸除け祈願が爆発的な流行をみせた。後者との関連で、戦時下に大流行した神社・小祠をみてみると、山梨県忍野村内野の天狗社、島根県出雲市の旅伏神社等々なぜか天狗を祭神あるいは祭神の眷属（使わしめ）とするものが多い。その理由については、自らの意思とかかわりなく生と死に直面することを余儀なくされた人々が、生と死をつかさどる神仏のうち最も強力な天狗への祈願へ殺到したため、と考えられている（岩田［1998］）。このように、流行神も庶民の不安解消に重要な役割を果たしているのである。

さて以下では、社会変動といっても主として身近な人口構成や家族構成の変化に留意しながら、民俗信仰のトピックスをいくつか取り上げることにしたい。

ペットの供養

今日では、おじ・おばなどの親族や奉公人などが同居する大家族はほとんどみられない。夫婦とその後継者となる一子の夫婦、および未婚の子女といった三世代からなる直系家族も減り、夫婦と未婚の子女が1人か2人という核家族が多くなった。これが戦後の流れである。産業構造の変化や住居のあり方、価値観の変化等々が、そうした状況をもたらした要因である。最近では、子どものいない夫婦家族や高齢者の夫婦家族、父子・母子家族も目立つようになった。これら以上に急増しているのが一人住まい、一人世帯であり、都市部や過疎地で際立っている。唐突に響くかも知れないが、そうしたなかで注目されているのが「家族の一員」としてのペット（愛玩飼育動物）なのである。ワニや大蛇を飼育していた人が、うっかり逃がしてしまったり、飼いきれ

ずに放置し物議をかもしたという報道が時折マスコミを賑わす。しかしここで注目したいのは、主としてペットとしての犬・猫である。

ペットフード工業会の2004（平成16）年の推計では、全国で飼われている犬の数はおよそ1245万匹、猫は1037万匹余りだという。このうち犬は、祖父母・息子夫婦・孫が同居するような賑やかな家庭環境で「家族の一員」として飼われる傾向が強く、また猫は独身女性や子どものいない夫婦など、家族員数の少ない静かな家庭で飼われる傾向が強いという。いずれにしても、ペットを媒介として家族間の軋轢(あつれき)を緩和したり、空白を埋める潤滑油としてペットは重要な役割を果たしているのである。新聞に目を通すと、「イヌやネコと暮らして人の豊かさを取り戻そう」「愛する『家族』を失うとき、ペットロスビデオ発売」「全国ペット霊園ガイド」「ペットは入信できる？」「老犬の痴ほう増加、かなわん」等々の記事が目に飛び込んでくる。その内容はさまざまだが、ペットが家族並、いやそれ以上に丁寧に扱われていることがわかる。その点を、ペットの供養を通して確認することにしたい。

ペットを処理する方法としては、自宅の庭に埋葬するほか、東京都の場合、区部では有料で都清掃事務所が、市町村部では市役所や役場に連絡すれば引き取ってくれる。しかし、「家族の一員」としてのペットをゴミ扱いしかね、民間のペット霊園に供養・埋葬を依頼する人もいる。江戸期の都内の遺跡から犬・猫の石塔が発掘されたり、墨田区両国の回向院(えこういん)（浄土宗）のように、古くからペットの供養を手がけている寺院もある。しかしペット霊園は昭和初期頃から創設され始め、急激に増えるのは1975（昭和50）年以降である。

そのうち、1962（昭和32）年と比較的早い時期に開園した都下調布市深大寺(じんだいじ)にある世界動物友の会では、1992（平成4）年の調査時

点ですでに「開園以来現在までの納骨数は、10万体ではきかない」という。ペットのお骨や位牌が祀られている納骨堂の内部には、「霊座」と呼ばれるロッカー式仏壇がズラリと並んでいる。「霊座」は5段階に分けられ、ロッカーの高低の位置と容積とにより、2万3000円から40万8000円まで使用料に幅がある。また、ロッカー式の「霊座」のほか、合葬を旨とする「合同墓」もある。この「合同墓」は、「息子の代になって誰も参らなくなってはかわいそうだから……」「誰かが絶えずお参りしてくれるから」との理由で利用者が多い。家族構成の変化によって墓の継承者がおらず、無縁仏墓が増えつつある人の供養のあり方の一つを、このペットの「合同墓」が示しているともいえる。ちなみに、盆や春秋の彼岸の供養、年忌供養が、人間のそれ同様になされていることはいうまでもない。

ポックリ信仰

先の家族構成の変化に次いで、人口構成の変化を概観してみると、日本は多産多死の時代から多産少死の時代（1920年代後半から1950年頃まで）を経て、少産少死の時代に至るというように、急激に人口構造の変化を来し、少子化、高齢化を迎えた。さらに後者について細かくみると、65歳以上の人口が総人口に占める割合は、1945（昭和20）年には5パーセントに満たなかったが、1970（昭和45）年には7パーセントを超え、高齢化社会に至った。そうして1994（平成6）年には14パーセントまでに達し、高齢社会に突入した。そうしたなかで古稀、喜寿、傘寿、米寿といった年祝いが盛んになり、長寿にあやかろうとする習俗、イベントも各地で繰り広げられるようになった。その一方で、老人の自殺や老人に対する虐待問題、寝たきり老人と介護をめぐる問題等々がクローズアップされることになった。そうして1972（昭和47）年に有吉佐和子が『恍惚の人』なる小説を世に問い、そのなかでポ

ックリ信仰に触れたところ、にわかに注目され、一種の社会現象として爆発的に流行した。

ちなみにポックリ信仰とは、「健康で長生きし、万一病気になったとしても長患いせず、しもの世話にもならず、安らかに往生をとげたい」という心意に基づく信仰であり、老人たちの尊厳を保つ最後の手段と考える向きもある。対象となる神仏は多様であるが、庶民になじみ深い地蔵が圧倒的に多く、しかもイビダレ除け、タレコ止め等々失禁防止といった現世利益の側面の強いことがうかがえる。観音や阿弥陀についても、現世と来世の二世安楽を謳っているものの、やはり現世利益的側面にウエイトが置かれている。西日本に散見される那須与一公墳墓・石塔に関しても、弓の名人に「しものやまいいめく」（ママ）ことへの期待感が大きかった。寝たきり状態になって、体も思うように動かせず、他人にしもの世話になることは、人間としての尊厳を傷付けられることであり、そうした事態への不安と拒絶反応が流行の主たる要因といえる。

参詣者は女性が中心であり、病んでいる老人本人や介護にあたっている人など切実な問題を抱えて藁をもつかむ思いで出向く人がいる一方、自らの老いを見越して、レジャーを兼ねてあらかじめ参詣に赴く人も少なくない。

老人・子ども・女性と地蔵信仰

老人がレジャーを兼ねて赴く場所として都内で想起されるのは、豊島区巣鴨のとげ抜き地蔵であろう。ここは若者のファッションの街原宿にあやかって、「おばあちゃんの原宿」と命名されている。モンペとスラックスとを折衷した「モンスラ」発祥の地ゆえ、そのように呼ばれているのである。毎月24日は地蔵の縁日とされ、老夫婦や老婦人数人のグループが数多く参詣に訪れる。今日では24日のみならず、4の付く日

はいずれも混雑する。地蔵通りの入口には、祈禱師・占い師が数人店構えをしており、地蔵通りに入ると食堂や洋品店に混ざって、薬局やセキ止めのカリンを多数揃えた果物店が立ち並んでいる。今やとげ抜きのみならず、病気治し一般にまで拡大されて信仰を仰ぎ、そのためこの種の店も多い。

　とげ抜き地蔵の縁起にはいくつかバリエーションがあるが、その主なものを紹介しよう。1715（正徳5）年に毛利家で働く御殿女中の一人が、折れた針をくわえているうちにうっかり飲み込んでしまった。針は喉に立って、さらに腹のなかに入って大いに苦しんだ。そこで毛利家出入りの西順という僧侶が、この霊験あらたかなる地蔵の御影(みえい)（紙に印刷した小さな像）を頂戴しなさいといって、水とともに飲ませた。しばらくすると女中は腹のものを吐き、それをみると針が御影を貫いていた。一同不思議の感に打たれ、やがてそれが流行神になった、という内容である。多少の浮沈はあっても、近世来流行神としていろいろの人たちの信仰を仰いできた。特に現在は、高齢社会に見合うかたちで、老人たちの人気を博している。

　地蔵といえば、子授け地蔵、子育て地蔵、夜泣き地蔵など、子ども、女性とかかわる名称、ご利益のものも多い。地蔵の梵名(ぼん)はクシティ・ガルバであり、クシティとは大地、地霊を意味し、ガルバは童子を意味する。したがって丸坊主に似た声聞形(しょうもんけい)という像容と相俟って、子どもの守護仏となりやすかった。なお、7月23日、24日（8月のところもある）には全国で地蔵盆が繰り広げられるが、とりわけ近畿地方で盛んである。地蔵に化粧を施したり、百万遍の数珠(じゅず)を繰る、金魚すくいなどのアトラクションを催すなど、さまざまなかたちで行事が執行される。地蔵を祀っていない団地などの地域でも、京都市中京区・壬生寺(みぶでら)（律宗）からレンタル地蔵を借り出し、子ど

もたちを楽しませてあげるとともに、お互いによく知らない団地の住人同士がコミュニケーションを図る意味で、地蔵盆を行っているのである。

今日の地蔵信仰で、もう一つ忘れてはならないのが水子地蔵である。水子とは、さまざまな事情によってこの世の空気を吸うことのできなかった胎児を指し、うしろめたさや哀れさから菩提を弔うというのが水子供養である。対象となる神仏としてはほかに観音も無視できないが、地蔵のほうがポピュラーである。水子供養は、胎児の生命の尊重とその抹殺といった、認識と行為との間のギャップを埋めるべく、マスコミ等に喧伝されて受容されたもので、一部宗教者による祟りの強調と、母親を取り巻く社会環境の変化、すなわち地域社会や家族の崩壊に伴って、相談し悩みを共有できる人々がいなくなり、不安の個別化が進んだ結果爆発的ブームになったものと考えられる。なお、水子ブームに関しては、「1970年代前半に、戦後の混乱期に子供をおろした主婦層の心をとらえた」第1期と、

写真13-1　水子地蔵（東京都港区・増上寺）

1970年代後半から1980年代にかけて「水子ソングや水子キャラクターが生まれ、若い女性が押しかける」という第2期とに分けられるが、その後はブームが鎮静し、習俗として定着したものとされている（森栗［1995：207-210］）。

将門塚および水掛不動

大都市の宗教空間を模式的に描くと、まずその中心部を明治神宮、日枝神社や増上寺（浄土宗）、寛永寺（天台宗）などの大寺社、さらには創価学会、立正佼成会などの新宗教教団が占めている。一方周辺部には巣鴨とげ抜き地蔵や西の市(とりのいち)で知られる浅草の鷲神社(おおとりじんじゃ)に代表される比較的小規模な寺社が立地し、都心・周辺を問わず路地裏やビルの屋上には小祠・小堂の類がみられる。さらには都市のヘソとも目される、俗なる空間・盛り場の一画にも信仰対象が設置されており、不思議な情景が醸し出されている。盛り場のそれについて東京に関していえば、千代田区大手町のオフィスビル街の一画にある将門(まさかど)（の首）塚、大阪ではキタと並ぶ盛り場ミナミ（大阪市中央区難波）にある法善寺横丁の水掛(みずかけ)不動がその代表だろう。

さて法善寺（浄土宗）は、かつては広大な境内地に寄席があり、その周辺にさまざまな見世が乱立して盛り場を形成していた。しかし堂宇は戦災により焼失してしまい、水掛不動だけが残り、今日篤い信仰を集めている。「昼は信心深い日参組、わざわざ回り道して参詣する人たち、通りすがりの参詣人など、これらの人びとは老若男女あらゆる階層にわたる。これが灯ともし頃になると様相が一変し、横丁徘徊の酔人たちが一様に不動尊に立ち寄る。洗心水なる井戸の水を自ら汲んで、火焔(かえん)の中に立つ憤怒の形相の苔むす不動尊に水をかけ、線香の煙をくゆらせ一心に拝む。その姿は真剣そのもの」だという（岩井［1985］）。この不動はよろず祈願にご利益があるとさ

れており、不安や絶望に直面した人のみならず、ついでに立ち寄ってとにかく手を合わせる人など、祈願内容は各人各様であることが知られる。

　他方大手町の将門塚は、周辺のサラリーマンやOLたちの信仰対象となっている。将門伝説はきわめて広い範囲にわたって分布しているが、大きく2つの系統に整理することができる。一つは将門調伏(ちょうぶく)の霊異を語るもので、神仏霊験譚や高僧たちの法威譚として、主に京都を中心に語り伝えられてきた。もう一つは超人性を強調するもので、『太平記』に記されているように、将門の身体は不死身の「鉄身」で唯一の弱点は米嚙(こめか)みだけでそこに矢があたったとされており、それが一方の基調をなしている。そうしたなかで将門の超人ぶりを示すもう一つの話は、その首をめぐる怪異譚である。俵藤太(たわらとうだ)に討たれ、切り取られた首は都に送られて曝(さら)された。その首はいつまでも目を閉じず、みる者を怖れさせたといわれ、また獄門を抜け、骸(むくろ)を求めて東国に飛び帰り、それを葬ったところが千代田区大手町の首塚とされている。ここは神田明神の旧地でもあり、今日でも隔年に神田明神の神輿がここまで渡御することになっている。

　すなわち、関東大震災後、1940（昭和15）年の落雷時、戦後のモータープールの建設時と将門塚崩壊の各機に際して、必ずといってよいほど天変地異、あるいは災禍が発生し、しかもその災禍が将門の怨霊の祟りと認識され、盛大な供養祭を執行することにより祟りの解消が図られてきた。そうして戦後間もなくして、将門塚の土地は大蔵省から東京都に払い下げられ、さらに各企業に売却された。そうして塚の周りに巨大なビルが建設されるたびに、将門の祟り伝説が生まれていった。その一つ、およそ40〜50年ばかり前に三井物産はビルの設計にあたって、都に将門塚買収の申請書を提出した。

しかし社内から「祟りがあるといけない」との反対意見が出、半年後に取り下げられた。またビル建設工事は2年半で完了する予定であったが、法規に抵触するなどで一時工事が中断され、大幅に遅れた。それについても「将門塚を買い取ろうとしたせいだ」と噂になり、法的不手際に起因するにもかかわらず、将門の祟りと結び付けて解釈しようとする傾向が強かった。さらに1980年代には、将門塚周辺ビルの会社員が次々と発熱して倒れるという事態も起こっている。この時も将門塚にお尻を向けて座っているからだということになり、窓際の人間の机の向きを変えるという処置をまず旧日本長期信用銀行がとり、旧三和銀行、ついで三井物産もそれにならって同様の処置をとった。こうしてみると、将門の霊が祟るという認識こそが、高層ビル街のど真中に摩訶不思議な空間を残した原動力といえる。今日でもサラリーマンやOLの参拝が多く、お供えの花束も絶えることがない。

東大阪の石切さん

石切剣箭神社（祭神―饒速日尊・可美真手命）は、大阪府と奈良県境を南北に走る生駒山系の西麓にあって、石切さんと呼ばれ親しまれている。「病気治しの神様」として知られ、さほど大きくない神社に、熱心な信徒が年間350万人余り訪れるという。石切神社は10世紀前半にまとめられた『延喜式神名帳』にも記載されている由緒ある神社であるが、近世においては近郷の住民が支える地域神社にほかならなかった。元禄年間（1688-1704年）に近郷に疫病が蔓延した時、5か村の氏子が協力して祈願祭を執行し、以来今日でも8月3日から4日にかけての夏祭りとして引き継がれている。しかし、1914（大正3）年の大軌鉄道（現・近鉄奈良線）の敷設により、大阪市周辺からの参詣者を大幅に増加させ、「病気治しの神様」のご利益のもと、地域

を超えた信徒をもつ崇敬社としての色彩を強くしつつ発展をとげた。

　石切駅を降りると、いきなり占いや、祈禱関連の看板が目に飛び込んでくる。一人で店を構える占い師・祈禱師もいれば、共同で占いの館を構えているケースもある。日本中探しても、これだけの店が集中しているところはおそらくないだろう。また狭い参道には、土産物屋、食堂が軒を連ね、漢方薬店も目立ち、「耳ナリの神様」その他の小祠も点在する。そうして最後に目を見張るのは、境内におけるお百度参りの光景である。社殿と鳥居との間にお百度石なるものが設置され、社殿とこの間を百度往復して願をかけるというのがお百度参りで、中高年の女性を中心に競い合うように走り回っている。日曜や神社の祭日には200人近い人たちが押し合いへし合い、異常な熱気である（森下［1985］）。石切さんは大都市大阪の周辺にあって、立地のうえでは巣鴨のとげ抜き地蔵と近似するが、おどろおどろしさは比べものにならないほどである。ことに占い師・祈禱師の店は、神社を挟んで参道二方の外延へ外延へと広がり、10年前に訪れた時より倍近く増え、100店舗に及ぶほどである。それだけ

写真13-2　お百度参り（大阪府東大阪市・石切さん）

需要が高いということを示している。

■ 占いブームのなかで

都市部のデパートやスーパー内を歩いていると、必ずといってよいほど占い師・祈禱師のコーナーが目に止まる。近年ではそういうものがあっても違和感を覚えない。いわば現代の風景として定着しているといっても過言ではない。また、石切さんや巣鴨のとげ抜き地蔵界隈のみならず、若者の街として知られる渋谷区原宿の竹下通りにも「占い館」なるものがある。20名ほどの占い師・祈禱師の、経歴を記した顔写真入りのプレートが館内に掲げられており、依頼者はそのなかから好みの人を選んで占ってもらうシステムになっている。また、他人に占ってもらうのみならず、ファンシーグッズを用いた創作呪いが少女を中心とする若年層の間で盛んに行われており、コックリさんブームも繰り返し起こっている。こうした昨今の占いブームには、雑誌やメディアが大きな役割を果たしていることはいうまでもない。占いの方法は種々存在するが、過去の出来事を解釈して病や不幸の原因を探ってその解決策を見出したり、他方では進学、就職、結婚、転居等不確実な未来を予想する手立てとして活用されている。その占いが、現代人が抱える原因不明の漠然とした不安・不満解決法として、大きな位置を占めているのである（鈴木［2006］）。

一方、書店の民俗学関連コーナーをのぞくと、修験道や陰陽道、妖怪や憑霊信仰関連の書物が山積みにされている。老若男女を問わず、非合理的なものへの関心、摩訶不思議なものへの好奇心がいかに強いかを知らされる。だからこそ霊感商法まがいのものが次々と現れ、その餌食となる人も少なくないのである。御霊光、神書、お守り様など宗教じみた怪しげな商品を販売したとして、2007（平成19）年末頃から翌年にかけて話題となった企業グループ「神世界」

の一件は記憶に新しい。その活動は、カリスマ性をもった教祖がいて、一つの世界観に基づく教理と信徒組織を整えた宗教教団のそれとは、明らかに異質なものだった。

ともあれ、現代人はめまぐるしく変転する社会のなかで、さまざまな問題や悩みを抱えて生活している。人間関係が疎遠な今日だけに相談相手も少なく、解決の糸口、癒しの場を人々は求めている。そうした宗教的欲求に応えるかたちで、多様な民俗信仰が各地に息づいているのである。

■ 引用文献

岩井宏實　1985年「都市の風景」文化庁編『月刊文化財』第258号、第一法規出版、22-25頁

岩田重則　1998年「天狗と戦争」松崎憲三編『近代庶民生活の展開─くにの政策と民俗─』三一書房、197-225頁

倉石忠彦　1998年「民俗学の現状」『日本民俗学』第213号、日本民俗学会、1-13頁

島薗進　1998年「新宗教」島薗進ほか編『日本民俗宗教辞典』東京堂出版、291頁

鈴木正崇　2006年「占いの世相史」岩本通弥ほか編『都市の生活リズム』（都市の暮らしの民俗学　3）吉川弘文館、91-93頁

森栗茂一　1995年『不思議谷の子供たち』新人物往来社

森下伸也　1985年「デンボの神様─石切神社─」宗教社会学研究会編『生駒の神々』創元社、103-115頁

■ 参考文献

松崎憲三　2004年『現代供養論考─ヒト・モノ・動植物の慰霊─』慶友社

松崎憲三　2007年『ポックリ信仰─長寿と安楽往生祈願─』慶友社

宮田登　2006年『はやり神と民衆宗教』（宮田登日本を語る　3）吉川弘文館

特論 1

沖縄の民俗信仰

古家信平

**沖縄の民俗
信仰の位置**　沖縄の民俗という時に、まず思い浮べるのは何だろうか。琉装を身にまとった舞踊、三味線の伴奏付きの民謡、赤瓦屋根の集落景観あるいは白衣を着た神女が行う儀礼であろうか。沖縄の民俗をみる際には、琉球王国時代からの歴史を背景に置く必要がある。沖縄本島はそれまでの群雄割拠の時代を経て1429（永享元）年に尚巴志によって統一され、1469（文明元）年には尚円が王位について第二尚氏王統が以後400年余りにわたる歴史を刻むことになった。奄美から宮古・八重山までの領域は徐々に服属し、奄美から八重山を版図とする琉球王国が成立する。中央集権的な支配体制が確立され、聞得大君を頂点として各地にノロ（宮古・八重山ではツカサ）を配置した神女組織ができあがった。1609（慶長14）年には薩摩藩の侵入により与論島以北を割譲されるが、それ以後も王国時代の民俗は北からの影響を受けながら継続していく。鹿児島県の一番南の与論島とその北に位置する沖永良部島では、今日でも比較的沖縄の民俗的色彩をみることができる。1872（明治5）年になると、琉球王国は琉球藩と改められ、1879年に廃藩置県により沖縄県となった。この一連の動きは琉球処分といわれる過程であり、明治政府はそれまで清国に朝貢使、慶賀使を派遣し、冊封を

受け、同時に薩摩藩の管轄下にあった曖昧な状態（いわゆる日支両属）を是正し、47番目の県として日本の一地方に位置付けた。第二次大戦後はアメリカの軍政下に置かれ、1972（昭和47）年の本土復帰までアメリカユ（アメリカ世）といわれる苦難の時期を経過した。ここでは1609（慶長14）年の薩摩藩の侵入以前に王国の版図であった奄美群島から八重山諸島までを、今日の沖縄県の領域を越えて民俗の共通性を見出し得る領域として視野に入れてみていくことにしたい。

ノロとユタ

第二尚氏王統では、奄美大島から沖縄本島および周辺離島にノロを配置した。これを公儀ノロともいい、辞令、田畑および祭祀の時に首からかける勾玉（まがたま）をもっており、一つあるいは複数の集落を管轄し、ネガミなどの神役を従えて公的祭祀を執行した。明治政府は女性神役が年中祭祀を主導する姿に、どのように対応すればよいのか苦慮した。奄美では薩摩藩の侵入以後も琉球王国による任命は続き、寛永期に禁止されてからも享保期までは一生に一度だけ首里に行って、聞得大君に会うことは許されており、それ以後も密かに沖縄に渡るものが絶えなかったという推測もされている。それだけ地方のノロの首里への絶ちがたい心情があったのであろう。ノロが亡くなって次のノロに継承されると、祭祀管轄区域の人々がこぞって祝い、給付されていた田畑を耕作してノロの暮らしを支えていた。1713（正徳3）年に編纂された『琉球国由来記』には当時の祭祀管轄区域と年中祭祀が記されており、今日でも神役の組織と祭祀が維持されているところがある。写真特1-1は沖縄本島北部の久志（くし）ノロが6月ウマチーという稲の収穫祭を行っているところである。久志のノロが隣の辺野古（へのこ）も管轄しており、旧暦5月の初穂儀礼などいくつかの年中祭祀を統括している。2007

写真特1-1　神アサギで祈る神女たち（沖縄県名護市久志・2007年）

写真特1-2　久志ノロの勾玉（2007年）

（平成19）年旧暦6月16日の辺野古の神アサギ（公的祭祀場）の様子で新米を炊いて神女の前に捧げている場面である。この後、伝来のウムイ（神歌）が歌われ、青年たちがイノシシを獲ったり、航海の模様を示す所作をしている。左から辺野古ネガミ、久志ノロ、久志ネガミの3名はここ数年の間に新たに就任している。それまで30年近い不在期間があったが、他の神役や区長らが補完していた。1903（明治36）年の土地整理法と1910年の沖縄県秩禄処分法によって公的な地位を失い、辞令も発給されなくなったのであるが、伝来のものとされる勾玉（写真特1-2）を身に付けて祭祀を執行する姿に、人々の王国時代への心情が知られる。

　霊的職能者にはもう一つの系譜があり、ユタ、カンカカリヤー、ヤーザスなどと呼ばれ、ノロが公的であるならば、こちらは私的な

占い、呪いなどの呪的な信仰領域に関与している。琉球王府はこれらの影響を排除するために何度も禁令を出しているが、効果はなかった。ユタの職能は、人の体内にあるマブイ（霊魂）は驚いたり事故に遭うと脱落するので、それを身体に戻すマブイグミ、呪いによる病気の治療、屋敷の御願、墓の落成祈願、家内安全の祈願、聖地の巡拝や位牌の継承についての判断など多岐にわたる。今日では生きがいの喪失、孤独感による精神的な悩みなどの解決を依頼する者が多くなり、夫婦の不和や子どもの教育に関する悩みの相談相手を求めてやってくる依頼者も増えている（高橋［1998：14-15］）。依頼者は女性が多く、女子大生が恋愛の相談をするならば、3000円程度の料金であるため手頃なのかもしれない。カウンセラーとしての役割を認めることができるが、かつて王府がこれを禁止しようとしたのは儀礼の供物に牛などを屠るような出費がかさんだり、聖地を巡拝したりするのに時間をとられ農作業がはかどらず、貢納が滞ることを恐れたからである。ユタは営業用の看板を掲げているわけではないため、正確な数は統計上に現れようがない。周囲の人々によって霊的能力の強さが評価されてユタとして認知されるのである。また、ユタという言葉自体には一種の侮蔑の意味が含まれているので、面と向かって呼びかけることはない。

　ノロとユタを概念上で区別することはできるが、現実の様態を観察すると職能は相互に入り組んでいる。ノロの行う祭祀にユタとおぼしき人物が入っていたり、マブイグミや屋敷の御願をネガミらが担当したりしている。ノロは公的祭祀以外はすべきではないという非難をされる一方で、そうしたあり方を受け入れ呪的行為を依頼する人もあり、周囲の人々の評価も一定していない。ユタのいない離島では、ノロが人々の要請に応えてさまざまな呪的行為をする場合

もある。宮古・八重山ではノロはなく、沖縄本島のネガミに相当するツカサと称する神役があり、ユタとの区別も曖昧で、沖縄本島の祭祀組織との相違が大きい。ノロその他の神役やユタになるのは生まれつきサー（霊力）が高いためであるといわれ、小さい頃からの言動が他の者と異なっていたりすると、周囲の注目を集める。その人が体調不良になると複数のユタを回って神役になるべきであるとか、ユタになる運命にあるとか、本人を方向付けて就任させる。体調不良は後からカミダーリ（巫病）と意味付けられる。

年祝いと擬死再生

奄美から八重山まで、生まれ年と同じ十二支の年、すなわち数え年の13、25、37、49、61、73、85歳になると、正月の最初に来る生まれ年の十二支の日に祝宴を催す。昔は多くは25歳までに結婚したので13歳が実家でやる最後の年祝いとなるため、盛大に行っていた。琉球王国では15歳から貢租を負担させていたが、一部では13歳から負わせており、最初の年祝いが対応している。貢納は50歳で免除されたが、「50に一つ足りない祝い」ともいわれる49歳の年祝いがこれに対応している。7回り目の85歳までにいのちを終えるのがよく、それ以上長生きすると子孫の分のいのちを食べてしまうといわれる。しかしこれらは今日あまり行われなくなっており、88歳のトーカチ、97歳のカジマヤーで長寿を願い、盛大に祝うようになっている。写真特1-3は現在のトーカチの模様で、庭に祭場を作り三味線で祝いの曲を弾き、参会者は当人の長寿にあやかる杯を交わしている。トーカチというのは竹を20センチメートルほどに切り、片方を斜めに切り落としたもので、桝に入れた米をすりきるのに使う道具である。今日ではこれを縁起物として集まった人々が持ち帰っている。この後、親族は写真撮影をして記念とする（写真特1-4）。

写真特 1-3　トーカチの祝い（2006 年）

写真特 1-4　トーカチの記念写真（2006 年）

　現在は祝賀の雰囲気に満ちているが、トーカチとカジマヤーでは祝いの日の前日に仏壇のある二番座で当人に死衣装を着せ、西枕に寝かせて枕飯と線香を置き、家族や近い親族が取り囲んで唱えごとをした。「もうあの世に行かれるいい年齢になりましたから、お引き取りください。あの世で子や孫の繁栄を見守ってください」というような文言で、その後で3回泣き声をたてる。家庭ごとに行って

いるので、現在も実施しているかも知れないが、皆、長生きしたいと思っているということから、常会で中止を決めたところもある。地元では祝いの前日に死んだことにし、翌日は生まれかわったという解説がなされる例があり、そこに擬死再生をみることができる。

12年ごとの年回りで祝う系列から外れたトーカチは、薩摩藩の侵入以後に導入されたと考えられるが、ここにあからさまな死の象徴である葬式がまねごとであれ組み込まれたのはなぜであろうか。61歳の年祝いには、久米島で当人を背負って山の近くに一晩置いてきたという姥捨説話を彷彿とさせるような1857（安政4）年生まれの女性が健在だった頃の実話があり、生命を長らえることは必ずしも歓迎されていなかったらしい。王国時代には88歳、97歳までの長寿は例外的であって、おそらく、当時も家族は長生きしてほしいと願っていたであろうが、貢租の負担からはずれ、負担の責任単位であった与のユイマール（相互扶助）にも働き手として不十分になると、足手まといな存在になったのであろう。長寿を望む家族の意向と反対の行為は、家族の世間に対する心理を代弁するものであった。

近年では模擬葬式のようなあからさまな死の要素は少なくなっているが、トーカチの時に配られる斗かき棒は桝に入れた米をすりきりにする道具であることから、いのちが満ち足りたということを示している。あるいは、祝いの席に着用する衣装は「トウタビ（唐旅）に着て行く」、すなわち死衣装そのものである。カジマヤーでは当人を乗せてオープンカーでパレードをするが、事前に行列の通過時刻を聞き出して、その時は子どもを外に出さないようにするという、野辺送りと同じ対応をすることなど、控えめながら死の要素がうかがえる。死と再生の意味を含んだトーカチとカジマヤーは当人も周

囲の人々も、やがて訪れる避けがたい死を、徐々に受け入れる過程にあって、残された生を慈しみ満ち足りたものにするためのものであるといえよう。

1906（明治39）年に90歳になった人を沖縄県が表彰したのは19人に過ぎず、村を単位にしても該当者は数年に一人くらいであった。97歳のカジマヤーになると、その儀礼の内容を村を単位としても伝えることは困難である。現在行われるカジマヤーでは「七橋（ナナハシ）ゆ渡て（ワタティ）七チジゆ越いて誠かじまやや　神のお祝（ウィエー）」という古歌に則って、集落の7つの橋を渡り、風車を配る。今日のカジマヤーの意味付けは、このようにして近年付け加えられたものであり、風車を飾ることから子どもに戻るというと、再生の発想と受け取られそうであるが、かつての模擬葬式の実施による擬死再生とは別の文脈で組み込まれたものである。

火の神と仏壇

沖縄の農家住居の間取りは四間取りに土間が付いており、土間にある竈（かまど）の上に3つの石で象徴される火の神が祀られていた。ヒヌカンと通称され、現在では台所のガスコンロの後ろあたりに3つの石、香炉、水を入れたコップと塩をのせた皿などが置かれている。年長の夫人は毎月旧暦の1日と15日に供物をして火の神、仏壇の順に家族全員の健康と平安を祈り、心情を吐露する。年老いて老人ホームに住むことになり、火の神を祀れなくなったために、旧暦1日と15日になると徘徊行動をする女性もあり、それだけ女性にとって火の神は心の葛藤を含めて心情を打ち明ける対象でもあった（近藤［1992］）。85歳の年祝いを過ぎると、火の神に対する健康祈願からは除かれ、霊的にこの世の人から次の世に移行していくのである。火の神そのものが神体のように扱われるが、これを通して他の神々に祈ることもでき、これを折口

信夫は「おとほし」、すなわち遥拝と指摘している（折口［1923］）。夫人が亡くなると野辺送りの時に香炉の灰を一部持ち出して田の畦に捨て、嫁が引き継いで祀る。娘が結婚する時には、母親が祀る火の神に報告してから灰を少し取り出して夫方の火の神に移す。夫が分家する際には、そこからさらに灰を分けて新しい火の神を作る。すべての家庭でそのようにしているのではないが、火の神には母から娘への継承線が認められる。次に述べる位牌に男系の継承線が認められるのと対立している（古家［1994：112-132］）。

写真特1-5　二番座の仏壇（2007年）

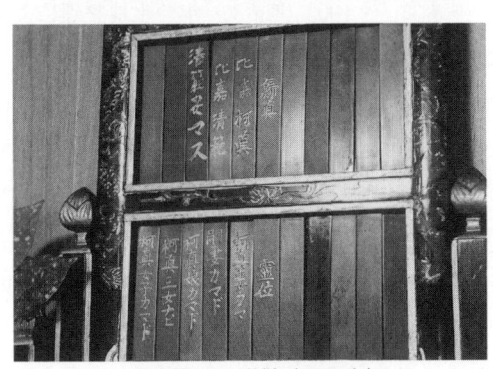

写真特1-6　位牌（2007年）

仏壇は二番座にあり、上下二段に分かれた位牌が置かれている（写真特1-5、特1-6）。琉球王国の時代に士族層を中心に門中が整備されてきたことと、位牌の継承と祭祀が関連している。門中は始祖を共通にし、シジといわれる父系の血縁で結ばれる集団で、中国の宗族と日本の家制度の双方の特徴を備えている。王国時代には系図座が系図を管理しており、士族層を中心に維持されていた。その後徐々に農村に広がり、沖縄本島南部の組織化が早く進み、周辺の離島部と本島北部ではそれに比べると遅れ、近代になっても女性が相続した事例などもあり曖昧さを残している。門中の成員は家譜をもって出自を確認し、旧暦5月15日に総本家に集まったり、清明祭などには門中墓に集まって先祖祭祀を行っている。ある家に男の子がいなければ、養子を門中成員のなかからとり、長男が優先的に位牌の祭祀を行う。位牌祭祀の禁忌には、①イナググヮンス（女子を位牌の継承者にする）、②チョーデーカサバイ（兄弟の位牌を同じ位牌立てに祀る）、③チャッチウシクミ（次男以下が継承する）、④タチーマジクイ（男系の血縁者以外が継承する）がある。士族層から始まったために、沖縄本島の北部や宮古、八重山の農村では、こうした禁忌は存在しなかった。1899（明治32）〜1903（明治36）年の土地整理によって、地割制下の農民に不動産の私有権が認められ、その当時の所有権者が死亡すると位牌の祭祀者がその土地を相続するというように位牌祭祀と結合した事例もみられる。明治民法の男系優位の規定もこうした禁忌の民俗論理化を後押しした。王国時代から明治のヤマトユ（大和世）になり、制度の改変とともに社会不安が増大した時期に、人々に秩序を与えるものとして門中のしくみと位牌祭祀の原則が受け入れられたとも考えられ、そこに民間の系図屋やユタが関与した点が注目されている。ユタはこうした点では、新しい考え方を民間に広

める役割を果たしてきたのである。1972（昭和47）年の沖縄の本土復帰後、位牌を女性が継げないことが社会問題化し、法曹界、マスコミ、アカデミズムや宗教界を巻き込んで広い分野で議論された。

■ 引用文献

折口信夫　1923（1975）年「琉球の宗教」『折口信夫全集』第2巻、中央公論社、43-44頁

近藤功行　1992年「沖縄の老人ホームにおける死と儀礼」『奄美博物館紀要』2号、61-88頁

高橋恵子　1998年『沖縄の御願ことば辞典』ボーダーインク

古家信平　1994年『火と水の民俗文化誌』吉川弘文館

■ 参考文献

小熊誠　2009年「先祖と祭り」古家信平・小熊誠・萩原左人『南島の暮らし』（日本の民俗　第12巻）吉川弘文館

古家信平　2009年「年祝いに見る擬死と再生」古家信平・小熊誠・萩原左人『南島の暮らし』（日本の民俗　第12巻）吉川弘文館

特論 2

華僑・在日朝鮮人と民俗信仰

曽　士才／島村恭則

1. 華僑の民俗信仰

民俗学から みた日本華僑　日本に華僑社会が成立するのは17世紀初頭、徳川初期の長崎唐人貿易時代以降のことである。幕府のキリシタン禁教により、仏教徒であることを誇示する必要から、出身地ごとに唐人商人たちは寄進をして禅宗寺院を建立した。いずれも隠元禅師が開いた黄檗宗の寺院だが、当時は同郷団体の機能も果たしていた。興福寺（江蘇、安徽、江西、浙江などの三江地方）、福済寺（福建南部）、崇福寺（福建北部）では、停泊中に船からお寺に航海の女神・媽祖を預ける菩薩預りや中国式の年中行事、葬礼、祭礼が行われた。明治以降は菩薩預りこそなくなったが、長崎には媽祖を祀る伝統が今も受け継がれている。

1859（安政6）年幕府が開国すると華僑は本格的に進出してくるようになった。欧米商社の仲買商人や欧米人の使用人・召使などとして、開港地の函館、横浜、長崎、そしてやや遅れて大阪、神戸にやってきた。1899（明治32）年の内地雑居令により居留地が撤廃されると、さまざまな商人や職人が進出し、同郷同業団体を設立していった。さらにこれら諸団体を束ねる自治組織・中華会館が、横浜（1873〔明治6〕年）、神戸（1893〔明治26〕年）、函館（1913〔大正2〕年）

に成立していった。

　横浜、神戸の中華会館は第二次大戦で焼失し、函館の中華会館のみが元の姿をとどめているが、いずれも中国の廟観建築を取り入れ、三国時代の武将関羽を主神として祀っていた。戦後、自治機能は新たにできた華僑総会が担い、中華会館の機能は関帝（関羽のこと）などの民間祭祀、中華義荘（共同墓地）の管理運営、葬儀の執行に縮小したが、中華街とともに、今日においても華僑の民俗文化伝承の中心的役割を担っている。

　民俗学からみると日本華僑の民俗信仰には2つの特徴がある。一つ目は、東南アジアの華僑・華人社会と比べて人口規模が小さいため、移住先である日本の民俗文化、民俗信仰との混交、習合がみられる点である。たとえば、神戸市兵庫区にある松尾稲荷神社は楠木正成ゆかりの神社だが、明治大正の頃は船着き場にあったため航海の神として地元の漁師たちの信仰が篤く、昭和に入ると福原遊郭に近いことから商売繁盛、縁結びの神として信仰を集めた。霊験が類似しているうえに、神社名が媽祖の福建語マツォに似ていることから神戸に上陸した1世の人たちが寄進し、篤く信仰してきた。2つ目は、華僑の日本への同化が進む半面、方言集団ごとの違いも残しており、特に福建北部出身者が故郷の民俗信仰を最もよく伝えている点である。他の方言集団が港湾都市に定住する傾向があるなか、福建北部出身者は戦前までは呉服行商を営み、移動性が最も高い集団であった。

神祀りの伝統と変容

　1949（昭和24）年に刊行された内田直作『日本華僑社会の研究』によれば、3つの中華会館では、正月元旦、天后（媽祖）誕生日、清明節、端午節、関帝祭（関羽の誕生日）、中元節（盆行事）、中秋節、冬至には神々に三

牲（鶏、豚、魚）、酒、菓子、元宝（紙銭）を供え、蝋燭を灯し、線香をあげるとある（内田［1949：237］）。しかし、時代とともに儀礼が簡略化されるようになり、函館では清明節と中元節に華僑墓地に参拝する以外ほとんど行われなくなっている。一方、横浜中華街や神戸南京町の春節祭、長崎新地中華街のランタンフェスティバルなど、中華民国期に入り新暦を採用したために廃れていった旧暦の正月行事が、1980年代中頃から町おこしのイベントとして復活している。

こうしたなかで中国人の現世利益的な信仰に一番適い、一番篤く祀られているのが関帝である。関帝は商売の神様としてだけでなく、華僑の人々のさまざまな願いを叶えてくれる神として信仰されている。日本には現在、横浜、神戸に中華会館が管理する関帝廟があるほか、函館中華会館、黄檗宗本山である宇治万福寺の伽藍堂、長崎崇福寺のお堂、そして大阪天王寺区の関帝廟（通称。正式には黄檗宗末寺・清寿院）において関帝が華僑の手によって祀られている。

函館中華会館や横浜関帝廟には「関帝霊籤」というおみくじがあり（1995［平成7］年の阪神淡路大震災までは神戸関帝廟にもあった）、願かけする人が願いごとの成否を占っている。願かけする人は最初に関帝に向って跪拝して願いごとを報告する。閉眼したまま半月状の木片「神筶（台湾、福建でポエと呼ばれている）」を2個同時に床に落として占う。床に落ちた神筶の一つが丸みを帯びた表側で、もう一つが平らな裏側なら、願いが叶うという神託である。そこで一から百まで番立てをした竹製の細長い札を入れた筒を振り出し、飛び出した竹片に書かれた番号のおみくじを引く。堂内には「関帝霊籤」と記された箱があり、吉凶禍福を示した神託を詩句に綴ったおみくじが入っている。

日中戦争時に貿易商人たちが本国に引き揚げたため、長崎では呉

服行商を営む福建北部出身者が大半を占めるようになった。その彼らが組織する福建同郷会が崇福寺で行う伝統行事が表特2-1中の※印で、五牲（鶏、豚、魚、海老、マテ貝）を供え、崇福寺の住職の読経が行われる。行事の担い手となる当番「ドンタウ（当頭）」（「タウ〔頭〕」、「アタマさん」ともいう）は長崎市内で飲食店などの商売を営む43軒が5組に分かれて、各組が1年間のお勤めを果たす。

＊印は福建南部出身の一族が長く理事長をつとめてきた福建会館が中心となって設営し、福済寺の僧侶が読経を行う伝統行事である。唐人屋敷というのは1689（元禄2）年に江戸幕府が唐人を隔離するために設けた区域であり、区域内に現存する天后堂（天后媽祖堂）、観音堂（関帝も祀る）、聖人堂（今の福建会館。かつては孔子を祀っていたが、

表特2-1　長崎華僑の伝統行事（2007年）

行事名称（旧暦月日）		摘　　要
春　　節	1月1日	旧暦正月※
関聖帝君飛昇	1月13日	命日。崇福寺関帝祭※
元　宵　節	1月15日	新地町、燈籠祭崇福寺※、唐人屋敷＊
福徳正神千秋	2月2日	誕生日。唐人屋敷土神祭＊
崇　福　寺	清明節	崇福寺展墓※
観世音菩薩仏辰	2月19日	誕生日。唐人屋敷観音祭＊
国際墓地清明	3月2日	国際墓地展墓
天上聖母聖誕	3月23日	崇福寺媽祖祭※、唐人屋敷媽祖祭＊
関聖帝君聖誕	6月24日	崇福寺関帝祭※、唐人屋敷関帝祭＊
普度蘭盆勝会	7月26日 〃 27日 〃 28日	施餓鬼（中国の盆）※
大成至聖孔子聖誕	8月28日	孔子生誕2557周年祭

後に天后を祀るようになった)、土神堂(土地神を祀る)で祭祀が行われている。

普度勝会にみる供養の心

盆行事である普度(蘭盆)勝会は神戸関帝廟(旧暦7月13～16日)、長崎崇福寺(旧暦7月26～28日)、宇治万福寺(新暦10月中旬)の3か所で行われており、華僑社会最大の伝統行事になっている。祭りの担い手はいずれも福建同郷会の人々である。長崎では旧暦7月1日を仕事はじめとし、檀徒総代の指揮のもと当番の人たちが竹ひごで骨組みを作り、下貼りの紙の上から金紙、銀紙を飾り付けた金山、銀山を作る。これは最終日に諸霊を送る時に燃やす。普度の開催通知は全国に向けて700通以上発送され、1週間前には「ファッポン(発榜)」といって、普度勝会の開催を知らせる榜文をお寺に貼り出す。昔は当番がこの日から精進潔斎に入るとされていた。

26日から3日間は黄檗宗の僧侶たちによる施餓鬼法要が本殿を中心に営まれる。本殿の前や脇には、死者のために用意された浴室、男室、女室、倶楽部、京戯と書かれた冥界の小さな家や紙銭を使っ

写真特2-1　盆行事の最終日、諸霊を送る時に燃やす金山、銀山を見守る人々(長崎崇福寺)

て買い物をする冥界の商店「三十六軒堂」のしつらいが並べられ、当番の人たちによって精進の供物が諸神仏に供えられる。

特に3日目には僧侶たちが変食真言(へんしきしんごん)を唱え、一皿の食物を百倍千倍に変じ、餓鬼を飽満にさせる儀礼を行う。これに合わせて臨時に設けられた「南無面然大士(餓鬼を束ねる神)」の位牌を置く台に餡入りの饅頭が供えられ、「普度檀勝会之神位」と書かれた位牌を置く細長いテーブルには、鶏肉、カニ、鯛、豚肉、エビ、果物、花、化粧品や化粧道具、そして参拝者が買って供えたセッキンツァイ(十錦菜)がところ狭しと並べられる。十錦菜とは10個のお碗にそれぞれ赤いカンテン、キクラゲ、高野豆腐、キンツェン(乾燥させたユリ科カンゾウの花蕾)、揚げビーフン、赤い麩、シイタケ、メンマ、生の冬瓜、うす揚げが入ったものである。

供養の心を最も象徴的に表しているのが「ポーゼー(補施)」という後祭りである。4日目の朝、足や目が不自由で法要に間に合わなかった霊を供養するために行われる。儀礼は至って質素で、住職、檀徒総代、数人の遺族・信者のみが参加するが、霊を迎え入れるために、境内の要所要所に黙々とお線香を立てる人々の姿が印象的である。

2. 在日朝鮮人の民俗信仰

在日朝鮮人(以下、「在日」と表記)とは、日本による朝鮮半島の植民地支配(1910〔明治43〕~1945〔昭和20〕年)を直接・間接の要因として朝鮮半島・済州島から日本列島へ移住し、その後定住するに至った朝鮮半島出身者およびその子孫の総称である。「在日」の国籍は、韓国籍、朝鮮籍、日本籍のいずれかで、その総数は100万を超えている。世代的には、渡日経験者を第1世代とすると、若者世代の多

くは第4世代となっている。大阪市生野区、東京都荒川区、川崎市川崎区、京都市南区、神戸市長田区、広島市西区、下関市、福岡市東区などに規模の大きな集住地域が存在するが、一方で、国内各地の地域社会のなかに分散居住している場合も少なくない。

祖先祭祀

「在日」の家庭では、元旦に祖先祭祀が行われている。午前9時頃、長男筋の家に親族が集まり、前日から準備を重ねて作られた供物を祭壇にしつらえ、長男を祭司として礼拝の儀礼が行われる。礼拝終了後は、供物を下げて参列者一同での共食となり、さらにその後、墓参りへ向かう。

こうした祖先祭祀は、正月のほか、盆もしくは朝鮮半島でチュソク（秋夕）と呼ばれる旧暦8月15日にも実施される。また、それとは別に、3〜4世代前までの故人の命日にもやはり祭祀が実施されている（命日の祭祀の場合は、朝ではなく、当日の午前0時から開始することが規範とされている）。

「在日」の民族団体である在日本大韓民国民団（民団）や在日本朝鮮人総聯合会（総聯）の系列出版社などでは、それぞれ祖先祭祀に関するマニュアルを刊行しており、そこでは「伝統」的な儀礼の手順や意味付けが細かく紹介されている（写真特2-2）。ただし、実際には、理念とは別に、個々の生活の文脈においてさまざまなかたちでの祖先祭祀が実践されている。

たとえば、命日に行われる祭祀の開始時間を、規範とは別に、生活の都合に合わせて前日の夕刻に設定する事例はきわめて多い。また、儒教式で行われる「伝統」的な祖先祭祀と仏教のお経とは無関係であるが、朝鮮語のお経のカセットテープを購入し、それを儀礼の間中かけているという事例がある。あるいは、朝鮮半島の家庭には存在しない仏壇を設置して、日本仏教の僧侶に読経をしてもらっ

写真特2-2　チェサ（祭祀）のマニュアル
左から、閔成和『ウリナラの冠婚葬祭』（私家版）、成話会編『目でみる韓国の産礼・婚礼・還暦・祭礼』（国書刊行会）、在日文化を記録する会『祭祀―民族の祈り』（ビデオ。在日文化を記録する会）、『月刊イオ』1996年11月号（朝鮮新報社）。

ている事例も存在する。さらに、マニュアルでは30種類以上の「伝統」的な供物を供えることとされているが、そこには記されていない「寿司とケーキ」を供物の中心に据える事例などもある。祖先祭祀の名称も、朝鮮語では「チェサ（祭祀）」であるが、日本語で「ホージ（法事）」と呼ばれることが多い。

　もちろん、マニュアル（理念型）に近いかたちでの祭祀を行う家庭も多く存在する。そして、研究者の多くは、そうした事例をもとに、「在日」の祖先祭祀は、「民族文化」の「本質」を体現し、彼らの「民族的アイデンティティ」の「核」になっているものだと位置付けている。また、このようなことは、当事者である「在日」自身によっても、しばしば語られている。だが、一方で、上に紹介したような事例も存在する。

　これまでの研究では、どちらかというとマニュアル（理念型）に近い祭祀ばかりが取り上げられ、そうでない祭祀は形骸化、世俗化

の進行したものとして軽視されることが多かった。しかし、実態を広く見渡すと、「在日」の祖先祭祀は、生活の文脈のなかで、もっと柔軟で可塑的なものとして実践されていることがわかる。そしてその実態こそが、「在日」の生活文化（民俗）のダイナミズムに他ならないということに気付かされるのである。

■ **葬儀と墓** 葬儀は、およそ1970年代までは、自宅において朝鮮式（儒教式）で行われることが多かった。死者には寿衣（スイ）と呼ばれる朝鮮式の死装束を着せ、棺には、赤い布（弔旗）に「学生〇〇〇公之柩」（男性の場合）、「孺人〇〇〇氏之柩」（女性の場合。〇〇〇はそれぞれ死者の本貫と姓）などと書いてかけた。遺族は麻の衣を着用して参列し、その自宅にはサンビという祭壇を設け、3年間は喪に服した。このようなやり方は、第1世代の年寄りたちが教えてくれたし、また民族団体の幹部たちが指導をしてくれた。もっとも、家によっては、貧しくてそのようなことをする余裕がなく、儀礼らしい儀礼もなしに、簡単に済ませてしまうこともあった。

近年は、日本人同様、通夜も葬儀も葬祭会館で行うことが多くなっており、儀礼執行の主導権は日本の葬儀社が握るようになっている。必然的に、儀礼のやり方は日本式に傾き、「日本の寺」から僧侶を読んで儀礼を行ってもらうことも普通になっている。ただし、現在でも、すべてが日本式事象に取って代わられたわけではない。かつてのように、棺には赤い布をかけ、棺のなかの死装束は朝鮮式のことも少なくないようである。この場合は、儀礼空間の最奥部である棺については朝鮮式が、それ以外の要素については日本式が採用されているということであり、ここには、日本―朝鮮の「入れ子」状況を見て取ることができる。

墓は、金銭的に余裕がある人の場合は、霊園墓地などに個人墓（日

本式形態の墓）を所有しているが、余裕がない場合には寺院の納骨堂に納骨している例が多い。これまでの「在日」研究では、「在日」の墓というと、大阪周辺（信貴山）の「在日韓国・朝鮮人専用霊園」（李［1996：396］）に建立されている墓が取り上げられ、その墓碑や墓誌の内容に「民族」的内容が彫り込まれていることをもって「民族的アイデンティティ」の表出を指摘するといった研究が行われてきた。しかし、そうした研究で扱われているようなタイプの墓は、多様なあり方のうちの一例にすぎない。

巫俗　「在日」第1世代や第2世代の女性のなかには、ポサル（菩薩）、チョムジェンイ（占い師）などと呼ばれる民間巫者（朝鮮の民俗神である「山神」、あるいは釈迦や弥勒菩薩などを祀るシャーマン）のもとを訪れ、占いなどをしてもらう者が少なくない。その場合、巫者自身が「在日」である場合もあるが、韓国在住の巫者が、出稼ぎのようなかたちで日本と韓国を往復しているケースもある。

大阪の場合は、生駒山の山中に多い「朝鮮寺」と呼ばれる宗教施設（もともと日本系寺院であったものを借りたり購入したりしたものが多い）で巫者による儀礼が行われており、生活上の悩みや不安を抱える「在日」女性などがここを訪れている。その場合、最初に依頼者が抱える悩み、不安、災いの原因が占われ、次に、その原因を取り除くための儀礼を日を改めて行うというのが一般的なパターンである。儀礼は、短いものは半日で終わるが、長いものだと3日にわたることもある。

こうした巫俗儀礼を研究者は、朝鮮語で「クッ」と呼んでいる。当事者である「在日」によってもそのように呼ばれることがなくはないが、そうした言葉を知らない人々も少なくなく、彼らはこうし

た儀礼を、擬音語ドンドン（儀礼の際の太鼓の音から）を用いて、「ドンドン」などと呼んでいる。

このような巫俗儀礼をとらえて研究者は、これまで「民族文化」「民族的アイデンティティ」との関係を読み込もうとすることが多かった。しかし、当事者としての「在日」にとっては、眼前の苦悩の解決、現世利益が最大の関心であり、必ずしも「民族文化」「民族的アイデンティティ」が明確に意識されているわけではないということにも注意しておきたい。

■ 日常的な信仰

毎日の生活のなかで行われている信仰的実践として、たとえば、主婦が、炊き上がったご飯から箸で一つまみをとって台所の流しに投げ入れる呪い（ケシレと呼ばれる）がある。これは、雑鬼に食べさせるためだといわれている。また、子どもが外で転んで怪我をした時など、そこへ行って、塩をまくこともしばしば行われている。あるいは、引越しの時にも新居の周囲に塩をまく。これらは、第1世代のみならず、第2、第3世代の女性が「親から教わって」実践していることがある。

各家の玄関には、プ（符）と呼ばれる黄色の朝鮮系の護符が貼られていることもある。これらは、集住地域にやってくる巫者から買ったり、年末年始に巫者のもとを訪ねた時に買ってきたりして貼ったものである。

■ キリスト教と新宗教

キリスト教や新宗教といった組織的宗教を信仰する人々もいる。キリスト教は、プロテスタント系の「在日大韓基督教会」が組織されており、集住地域を中心に全国に約100か所の教会・伝道所が設置されている。その宗教実践は「民族的アイデンティティ」への指向と深く結び付いている。新宗教については、創価学会や天理教をはじめ大小さま

ざまな教団に「在日」の信者がいるが、その実態は必ずしも明らかにはなっておらず、今後の課題である。

民族祭り　「在日」の「祭り」として、大阪市の「ワンコリア・フェスティバル」、京都市の「東九条マダン」、福岡市の「三・一文化祭」など、西日本を中心に全国で約40の「民族祭り」が行われている。これらは、1980年代以降、「民族的アイデンティティ」の高揚や地域住民との共生などを謳って開催されるようになったもので、神仏は祀られず、朝鮮系の民俗芸能などを再構成したフォークロリズム (「民俗文化」の二次的利用) 的な「民族文化」の紹介・共演が祭りの柱となっている。こうした祭りは、「民族」への強い思いを有する人々によって担われているが、一方で、そうした動きに無関心な「在日」もまた少なくない。このことにも注意しておく必要がある。

以上が「在日」の民俗信仰の概要である。指摘してきたように、これまでの研究では「在日」の信仰に、「民族文化」や「民族的アイデンティティ」を読み込もうとする傾向が強かった。こうした視点が確かに有効な場合ももちろんある。しかし同時に、必ずしも「民族文化」「民族的アイデンティティ」とは結び付かない信仰生活の実態が見出される場合もある。生活の文脈に即した、複眼的な視座からの民俗信仰研究が強く求められるところである。

■ 引用文献
（1．に関する文献）
内田直作　1949年『日本華僑社会の研究』同文館
（2．に関する文献）
李仁子（い・いんじゃ）　1996年「異文化における移住者のアイデンティティ表現の重層性—在日韓国・朝鮮人の墓をめぐって—」

『民族学研究』第61巻3号、日本民族学会、393-422頁

■ 参考文献
(1. に関する文献)
曽士才　2005年「在日華人社会の民俗文化」山下清海編『華人社会がわかる本―中国から世界へ広がるネットワークの歴史、社会、文化―』明石書店、77-84頁

田仲一成　1983年「長崎華僑盂蘭盆会行事の構造とその変容」山田信夫編『日本華僑と文化摩擦』巌南堂書店、331-366頁

中華会館編　2000年『落地生根―神戸華僑と神阪中華会館の百年―』研文出版

二宮一郎　1998年「大阪関帝廟と大阪華僑―阪神大震災修復事業から見えてきたこと―」『中国研究月報』第52巻1号、22-31頁

(2. に関する文献)
飯田剛史　2002年『在日コリアンの宗教と祭り―民族と宗教の社会学―』世界思想社

島村恭則　2008年「異文化の交流」川森博司・山本志乃・島村恭則『物と人の交流』(日本の民俗　3)吉川弘文館、205-290頁

梁愛舜(やん・えすん)　2004年『在日朝鮮人社会における祭祀儀礼―チェーサの社会学的分析―』晃洋書房

索　　引

ア　行

青ヶ島	158
秋葉様	27
アトザン（後産）	58
姉崎正治	15, 21, 134
雨乞い	41, 45
雨乞い儀礼	47
アヤツコ	59
有賀喜左衛門	104
歩き巫女	152
言習はし	172
異界	38
生駒山	220
イゴモリ	89
石切神社	195
伊勢講	76
伊勢神宮	30
伊勢参り	26
イタコ	146
一人前	62
一年神主	94
イットウ	108
井戸神様	32
イナググンス	208
稲荷	83-84
稲荷講	73, 75
稲荷社	73, 84
稲荷信仰	84
井之口章次	171, 173
位牌	34, 103
位牌祭祀の禁忌	208
イルカ	43
祝殿	81
岩崎敏夫	80-81
イワシ漁	49
隠元禅師	211
ヴァン・ジェネップ	56
宇佐八幡宮	30
氏神	39, 81
ウジガミサマ	26
氏神信仰	13
『氏神と氏子』	13
氏子	43
卯月八日	112
産神	58, 60
産土神	30, 39
ウブメ	57
産飯	60
ウミガメの墓	50
ウムイ（神歌）	201
占い	220
占い師	196-197
裏の神	33
盂蘭盆会	105
エクスタシー（ecstasy）	157
胞衣	58
エビス	43
恵比寿様	32
絵馬	126, 129-130
黄檗宗	211
オウマガドキ（逢魔が時）	179
大絵馬	49
大島建彦	18
大祝	98-99
大元神楽	93
大山阿夫利神社	45, 77
大山講	77-78
大山信仰	130
大山祇神社	160

お会式	112	鹿島神社	31
お蔭	142	カジマヤー	203, 206
オカマサマ	32	春日	31
御仮屋	96	春日若宮祭	88
沖言葉	42	風祭り	41
『沖縄のシャマニズム』	156	過疎化	51
沖縄の民俗	199	加藤咄堂（熊一郎）	15
オコナイ	113	金村別雷神社	76
御座	78	株講	74
御座立て	164	神アサギ	201
御師	45, 78, 122	神がかり	151
オシシサマ（お獅子様）	46	カミサマ	147
御旅所	88, 93	カミダーリ（巫病）	203
おのこかんなぎ（覡）	152	神棚	30-31
オハケ	95	粥占い	41
御初穂料	123	刈り上げ祭	41
お札	125, 128	川口神社	49
御召船	93	蛙狩神事	100
表の神	33	厠神	58
オヤマガエシ	76	カンカカリヤー	201
親指	176	冠婚葬祭	56
——の連想	180	関帝（関羽）	212
——を隠す理由	179	関帝霊籤	213
狙われる——	177	かんなぎ（巫）	152
折口信夫	11, 13, 22	神和系の神子	153
御嶽行者	164	カンネンブツ	39
御頭祭	98, 100	灌仏会	112
御柱神事	98	聞得大君	199
		擬死再生	203
カ　行		擬制巫	156
海上安全	49	貴船神社	31
改葬	67-68	木曾御嶽講	78-80
『改訂 綜合日本民俗語彙』	153	木曾御嶽山	164
海浜聖地	43	北野天満宮	30
外来宗教	4	祈禱師（medicine man）	146, 196-197
改良揚繰網漁	49	胡瓜祭り	91
家業	37	境界神	39
核家族	187		

『郷土研究』	11, 171	講集団	73, 123
『郷土生活の研究法』	11, 167	荒神	27, 93
教派神道	78	庚申講	75
御忌	112	講中	78
漁業	38	神使	98-99
キリスト教	221	高度経済成長	51
禁忌	167, 170	講元	75, 77
禁占兆呪	3	虚空蔵菩薩	55, 63
食い初め	60	『古事記』	151
鯨	43	『古事記伝』	151
口明け	42	小嶋博巳	174
口寄せ	152-153	小正月	40
口寄系の巫女	153	互助慣行	41
口寄せ巫女	152, 155	小菅神社	92
クッ	220	五牲	214
首無地蔵	134, 141	己高山信仰	115
熊野	31	コックリさん	197
熊野速玉大社	97	古峰ヶ原様	27
供物	218	米の呪力	60
鍬神信仰	186	固有信仰	4, 12
経済的講	126	五来重	5, 18, 105
契約講	74	コレラ封じ	180
悔過法要	113	婚姻儀礼	64, 69
ケガレ	70	混住化	51
——の観念	56	今野円輔	171
血盆経	56, 69-70	金比羅様	26
「毛坊主考」	11	今和次郎	29
毛坊主道場	114		
兼業化	51	**サ　行**	
言語芸術	11, 168		
現世利益	4	サー（霊力）	203
建築儀礼	34	斎宮	57
元宝（紙銭）	213	祭司（priest）	145
講	73	祭祀空間	39
講行事	127	在地講	74-75, 77
講組	110	在日大韓基督教会	221
『講座日本の民俗宗教』	18-19	在日朝鮮人	216
講社	78	サエノカミ	39
		サオリ行事	40

索　引　　227

作神	40
櫻井德太郎	3, 16, 18, 73-74, 77-79, 105, 153, 155
佐々木宏幹	156
佐々木勝	82
佐藤憲昭	154
サニワ（審神者）	164
サマン（saman）	156
三・一文化祭	222
山岳信仰	121, 125
三十六軒堂	216
山樵	41
三牲	212
産婆	61-62
参拝講	74-75, 77, 79
三匹獅子	46
ジェンダー	33
死者	64
死者祭祀	70
地主	27
四十九日	67
四十八夜念仏	118
自然宗教	2, 12
地蔵	25
地蔵盆	191
寺檀関係	106
七五三	55, 63
死と再生	56
死装束	219
地主神	27
地曳網漁	50
注連縄	28, 39
霜除け	45
シャーマニズム	93, 156
——研究	154
『シャーマニズム—古代的エクスタシーの技術—』	155
シャーマン（shaman）	151, 155-156
——の成巫過程	158, 163
釈迦	220
社会的講	126
社会変動	185
社寺	39
社寺参詣	63, 121, 125, 129
ジャランポン祭り	52
シャリトリ	67-68
収穫儀礼	41, 113
宗教	9-10
——社会学	1
——信仰	14
——人類学	1
——的講	126
——的職能者	134, 141
——民俗学	1, 6, 21
十三参り	55, 63
十夜法要	113
修行型	158, 160
熟饌	90
修験者	164
守護神	51
呪術	167, 169
呪術儀礼	41
呪術師（magician）	146
修正会	113
出家儀礼	40
呪物	25, 33, 39-40
正月	217
小祠	39, 73, 80, 85
上棟式	34
成仏儀礼	65
召命型	158
召命偶発型	163
職業型	153
職能伝習型	163
女性神役	200
死霊結婚	164

心意現象	11, 22, 168
信仰伝承	14
信仰民俗学	22
神社巫女	152
新宗教	186, 221
真宗門徒	114
新々宗教	186
人生儀礼	56
新生児	57
真正巫	156
神道修成派	161
神女組織	199
真野俊和	173
神箸	213
寿衣	219
水神様	32
鈴木棠三	171
諏訪大社	98
生活革命	185
生活技術	169
聖職者	145
成人儀礼	62, 69
男子の――	62
生饌	90
清明祭	208
成立宗教	17
関敬吾	173
絶縁儀礼	65
セッキンツァイ（十錦菜）	216
接待	47
節分	28
浅間様	26
浅間神社	43
洗骨	67
先祖	64, 66
先祖崇拝	4
『先祖の話』	13
先達	77-78
先導師	78
創価学会	221
葬式	33
葬式祭り	52
葬送儀礼	65
総代	44
俗信	167, 170, 172
――の論理	175
――概念	173
俗巫型	153
組織宗教	134, 145-147
蘇生儀礼	65
祖先祭祀	35, 70, 217
祖先崇拝	104
蘇民将来	28
祖霊信仰	13

タ　行

第一次産業	38
大家族	187
太鼓踊り	117
大黒様	32
代参	45, 76
代参講	45, 76
大般若経	39
大幣神事	89
題目講	79
田植儀礼	41
竹田聴洲	105
タチーマジクイ	208
脱魂型	156-157
田の神	40
頼母子講	74
『旅と伝説』	172
弾丸除け祈願	187
魂呼び	65
『譚海』	180
端午	29

単墓制	66	十日エビス	89
チェサ（祭祀）	218	トーカチ	203
地縁祭祀	82	『遠野物語』	11
血の池地獄	57	特殊神事	98
血のケガレ	56	特殊神饌	90
茅の輪	28	とげ抜き地蔵	190-191, 196-197
千葉徳爾	79, 83	年祝い	203
チャッチウシクミ	208	都市化	51
中華会館	211	年徳棚	31
中華義荘	212	都市民俗学	5
チュソク（秋夕）	217	弔い上げ	65
朝鮮寺	220	トランス（trance）	151, 157
チョーデーカサバイ	208	鳥追い	41
直系家族	187	ドンタウ（当頭）	214
チョムジェンイ（占い師）	220		
追善儀礼	65	ナ　行	
通過儀礼	56, 69		
日本人の――	56	直江廣治	82
『通過儀礼』	56	直会	46, 90
ツカサ	199, 203	中座	164
月待講	74	中山太郎	152
憑きもの	164	七つ御膳	90
辻札	46	七つ子の祝い	62
出羽三山講	79	七つ前は神の内	61
田楽	91	成木責め	41
天照皇太神宮様	30	なりわい	37
天神様	26	西垣晴次	84
天神神社	31	西宮神社	88
テントウバナ	112	二百十日	48
天皇制	5	『日本書紀』	151
天理教	221	日本人の宗教意識	9
道元忌	112	『日本俗信辞典』	171
道場	109	『日本のシャーマニズム』	156
唐人屋敷	214	『日本のシャマニズム』	153, 156
道祖神	26	『日本の俗信』	171, 173
頭屋	94	『日本の祭』	13
頭屋儀礼	94, 97	『日本巫女史』	152
当屋制度	113	『日本民間信仰論』	3, 16
		『日本民俗学概説』	13

『日本民俗学大系』	14	原田敏明	14
『日本民俗学入門』	173	針供養	63
『日本民俗事典』	14, 174	春祈禱	45
『日本民俗宗教論』	3, 17	榛名神社	45
入家儀礼	40	春山入り	112
入信修行型	163	播種儀礼	40
幣（ぬさ）	46	半檀家	111
年忌法事	104	東九条マダン	222
年中行事	40	日乞い	41
念仏踊り	115-116	人の一生	56
念仏講	77	ヒヌカン	206
年齢階梯制	94	火の神	206
農業	38	日待講	74
農業後継者	41	百万遍念仏	118
納骨堂	220	憑霊型	156-157
農事暦	44	ファッポン（発榜）	215
ノチザン	58	舞楽	91
幟	47	福田アジオ	25
ノラ	25	複檀家	111
野良仕事	41	巫覡	152
ノロ	199-200, 202	藤井正雄	105
		富士講	76-77, 79, 121
ハ　行		富士山	121
ハーリー	92	富士信仰	122
排仏毀釈	52	富士浅間神社	77
ハカセババア	61	伏見稲荷大社	84
白山	31	巫者	155
柱松	92	武州御嶽講	78
八丈島	67	フセギ（防御）	46
八幡様	26	仏教行事	112
初午	73	仏教の民俗化	105
初誕生	69	仏教民俗学	5
初宮参り	59	仏壇	34, 103, 206
初山	48	普度（蘭盆）勝会	215
花祭り	91	船霊	43
花嫁	63	振り米	60
ハモ祭り	91	閉山式	48
流行神	134, 186	臍の緒	58

索　引

ペットの供養	187-188
変性意識状態	151
弁天様	26
報恩講	79, 110, 112
放下踊り	117
箒神	58
疱瘡	47
豊漁	49
法輪寺	55, 63
ホージ（法事）	218
ポーゼー（補施）	216
ホーヤク祭り	91
穂掛け行事	41
卜占	167
菩薩預り	211
ポサル（菩薩）	220
墓誌	220
墓制	66
ポゼッション（possession）	157
ポックリ信仰	189
法華八講	73
ホトケ	104
宝登山講	75
宝登山神社	75-76
墓碑	220
堀一郎	2, 105, 156
盆	217

マ　行

マイワイ	43
前座	164
将門塚	193-194
将門伝説	194
呪い	39
呪い歌	34
『松屋筆記』	180
マブイ（霊魂）	202
マブイグミ	202
マンナオシ	43
巫女	152-153
——の民俗語彙	153
神子	152
「巫女考」	11, 152
神輿	39, 93
御射山神事	100
水掛不動	193
水子地蔵	192
御岳様	26
道切り	39
三峯講	75
三峯様	26-27
三峯神社	75
南方熊楠	171
水口祭り	40
身延講	79
宮家準	6
宮座	94
——の祭祀	94
——の組織	94
宮田登	5, 18, 33, 79, 84
ミルチア・エリアーデ	155
弥勒菩薩	220
民家	29
民間宗教者	124, 146-147
民間信仰	1-2, 13, 15, 17
——の性格	3
『民間信仰』	2, 4, 15
『民間信仰史』	15
『民間伝承論』	11, 167
民間巫者	220
民間巫女	153
民間療法	167
民俗学	21
民俗宗教	1, 5-6, 17-18
『民俗宗教と日本社会』	6
『民俗宗教論の課題』	5, 18

民俗資料の三部分類	167
民俗信仰	1, 6, 21, 134
民族団体	217
民族的アイデンティティ	218
民族文化	218
民族祭り	222
無縁霊	118
虫送り	26, 41, 52
無宗教	9
無尽講	74
無石塔墓制	66
無墓制	66
ムラ	25
村境	26, 39
本居宣長	151
モノツクリ	41
モモカ（百日）	60
門中	208

ヤ　行

ヤーザス	201
家移り祝い	34
八枝神社	46
焼畑	41
厄病	46
屋敷神	82-83
屋敷地	26
柳田国男	2, 10, 81-82, 104, 152, 167, 170, 179
ヤマ	25
ヤマアテ	43
山稼ぎ	41
山神	31, 220
山言葉	41
山仕事	41-42
山閉め	48
山の神	41, 58, 81
ユイ	41
有形文化	11, 168
幽霊	167
ユタ	200-202
妖怪	167
『妖怪談義』	179
用水確保	47
予祝儀礼	40-41
予兆	167
ヨナ	58
夜念仏	117
嫁入儀礼	63
憑坐	97, 164

ラ　行

雷神講	76
俚諺	170
琉球王国	199
『琉球国由来記』	200
琉球藩	199
猟師	41
『梁塵秘抄』	152
両墓制	66
林業	38
リンジュウブツ（臨終仏）	114
霊園墓地	219
霊柩車	176
霊山	43
霊肉別留	65
レンタル地蔵	191
蓮如忌	112

ワ　行

若衆講	74
和歌森太郎	13, 81
ワンコリア・フェスティバル	222

編著者略歴

宮本袈裟雄（みやもと　けさお）
　1945年長野県生まれ。東京教育大学大学院文学研究科修士課程修了。東京教育大学文学部助手、筑波大学歴史人類学系助手を経て、武蔵大学人文学部教授。2008年逝去。
主要著書
『庶民信仰と現世利益』（単著）東京堂出版、2003年
『天狗と修験者―山岳信仰とその周辺―』（単著）人文書院、1989年
『里修験の研究』（単著）吉川弘文館、1984年

谷口　貢（たにぐち　みつぎ）
　1948年新潟県生まれ。駒澤大学大学院人文科学研究科博士課程満期退学。二松學舍大学文学部専任講師を経て、現在二松學舍大学文学部教授。
主要著書・論文
「先祖観の展開」（佐々木宏幹編『民俗学の地平―櫻井德太郎の世界―』）岩田書院、2007年
『民俗学講義―生活文化へのアプローチ―』（共編著）八千代出版、2006年
『現代民俗学入門』（共編著）吉川弘文館、1996年

日本の民俗信仰

2009年6月30日　第1版1刷発行
2014年4月10日　第1版2刷発行

編著者 − 宮本袈裟雄・谷口　貢
発行者 − 森　口　恵美子
印刷所 − 神 谷 印 刷 ㈱
製本所 − グリーン製本
発行所 − 八千代出版株式会社

〒101-0061　東京都千代田区三崎町2-2-13
TEL　　　03-3262-0420
FAX　　　03-3237-0723
振替　　　00190-4-168060

＊定価はカバーに表示してあります。
＊落丁・乱丁本はお取替えいたします。

Ⓒ　2009 Printed in Japan
ISBN 978-4-8429-1489-3